訾志刚　著

从符号到文字
商前刻划符号发展研究

中国纺织出版社有限公司

内 容 提 要

本书选取我国出土的早期刻划符号中具有代表性和唯一性的字符为原始字根，筛选甲骨文和商周古国名中含有相同字根的甲骨文字和古国名，探索从刻划字符到甲骨文，再到周朝古国名的传承发展关系。探究由单一氏族符号—组合氏族符号—部落符号—古国名的"文字"发展模式，确定氏族符号的组合是部分"文字"的来源之一，浅释组合的一些规律，通过具体的"字"可以释读形成这个"原始文字（或称为刻划符号）"的原始人群及其发展延续。

为保证本文严谨性和科学性，文中所选用的出土文物均是经国家权威机构认定过的文物，甲骨文选用出自《甲骨文字典》和《殷墟甲骨文辞类编》的文字，古国名是历史书籍中确定的名字。

图书在版编目（CIP）数据

从符号到文字：商前刻划符号发展研究 / 訾志刚著 . —北京：中国纺织出版社有限公司，2025.7. -- ISBN 978-7-5229-2653-7

Ⅰ . H121

中国国家版本馆 CIP 数据核字第 20255RX721 号

责任编辑：刘桐妍　　责任校对：王花妮　　责任印制：储志伟

中国纺织出版社有限公司出版发行
地　址：北京市朝阳区百子湾东里 A407 号楼　邮政编码：100124
销售电话：010—67004422　传真：010—87155801
http://www.c-textilep.com
中国纺织出版社天猫旗舰店
官方微博 http://weibo.com/2119887771
河北延风印务有限公司印刷　各地新华书店经销
2025 年 7 月第 1 版第 1 次印刷
开本：710×1000　1/16　印张：8
字数：114 千字　定价：89.90 元

凡购本书，如有缺页、倒页、脱页，由本社图书营销中心调换

前言

PREFACE

　　甲骨文前有无文字？目前权威的说法是没有。但是，随着峙峪刻划符号、贾湖刻划符号、姜寨刻划符号、半坡刻划符号、良渚刻划符号、江汉（大溪、柳林溪、杨家湾）刻划符号、双墩刻划符号、大汶口刻划符号等一系列刻划符号的出土，人们先前的认知被一次次刷新。尤其是峙峪刻划符号（ϟ、兀）、贾湖刻划符号（⊂⊃、曰）、荷花山刻划符号（田）、陶寺朱文（文）与后代的甲骨文字写法相比无任何变化，并且每个刻划符号的影响范围相对集中，这也表明这种刻划符号对某个区域内文字的发展产生了至关重要的作用和影响。

　　再者，良渚石钺上的 ⊢⊞⊢Ħ人田 和黑陶圈足器上的刻字方式和笔顺较为规范，有一定体系。国家夏商周断代工程首席专家、北京大学考古文博学院教授李伯谦认为，这些原始文字不像其他单体刻划符号那样孤立地出现，而是可以成组连字成句。以上这些事实的存在，也引发了人们对中华文字起源的新思考、新探索、新求证。

　　本书主要论述全国考古遗址出现的刻划符号形成文字的可能，对商前文字的起源、发展、传承进行研究，揭示一切事物的发展都会遵照从简单到复杂、从低级到高级的规律。氏族符号随着社会的发展、氏族的融合，从简单逐渐变得复杂，进而成为文字，文字也因而成为"氏族—胞族—部落—部落联盟—国家"这一人类社会发展规律的直接反映。例如，氏族符号（田）—胞族符号（畕、畾、畾畾、畕、甽、甽、甽）—部落符号（甹、畎、畦、町、畋、畠）—部落联盟符号（魏、黄、夒、畬、壘、畄、異、冀）—

国家名称（魏、黄、昪、雷、画、鬼），其共有特征就是"田"这一符号始终存在。

第一部分主要是对简单的氏族符号进行提取，这些符号产生于人类早期社会阶段中的氏族时期。在这部分中，对峙峪刻符、贾湖刻符、荷花山刻符、大地湾彩绘和刻符、半坡刻符、姜寨刻符、双墩刻符、大汶口刻符、良渚刻符、陶寺朱文等进行了筛选和提取。

第二部分主要是讲述氏族符号的组合。早期是氏族符号的分化，对应人类早期社会阶段中的氏族发展到胞族时期；后期是不同氏族符号的组合，对应的人类早期社会阶段中的氏族结合发展到部落时期。

第三部分主要是根据本书氏族符号发展体系思想，尝试释读甲骨文中表示地名的文字，并尝试释读甲骨文中尚未被释读的文字，得出氏族符号的结合是我国地名来源的根本途径这一结论。这种对甲骨文中地名的释读，不失为对商前刻划符号研究的一种尝试。

本书主要参考徐中书主编的《甲骨文字典》、陈年福编著的《殷墟甲骨文辞类编》、王蕴智的《殷商甲骨文研究》，对于其中所引用的甲骨文和甲骨文辞条都尽可能保持原状，遵从原书编辑分类，书后有附录加以说明，便于查找原著核对。

笔者自2019年开始写作此书，获得各方面的支持与帮助，赵国梁、张建强、宋磊锦、韩杰英、暴中祥、郭君健在寻找古文字资料、参观贾湖遗址、拜访古文字专家、处理图片的工作中给予了帮助和支持，尤其夫人陈麟春给予我的理解、支持和尽可能的帮助，在此一并表示诚挚的谢意。

訾志刚
2025年1月

目 录
CONTENTS

第一部分　考古遗址中的符号 ……………………………… 1

第一章　出土的商前刻划符号 …………………………… 3

第一节　兴隆洞剑齿象牙刻 ……………………………… 3

第二节　许昌人遗址刻划符号 …………………………… 4

第三节　水洞沟遗址刻划符号 …………………………… 5

第四节　峙峪遗址骨刻 …………………………………… 6

第五节　阎家岗遗址旧石器时代刻划符号 ……………… 7

第六节　荷花山遗址刻划符号 …………………………… 8

第七节　贾湖遗址刻划符号 ……………………………… 9

第八节　仰韶文化彩绘和刻划符号 ……………………… 10

第九节　双墩遗址刻划符号 ……………………………… 12

第十节　大汶口遗址文化刻划符号 ……………………… 13

第十一节　良渚遗址陶符 ………………………………… 14

第十二节　陶寺朱文 ……………………………………… 16

第十三节　马家窑文化刻划符号 ………………………… 17

第十四节　骨刻文 ………………………………………… 18

第十五节　三峡地区刻划符号 …………………………… 18

第十六节　周边国家史前汉字刻划符号 ………………… 20

第二部分　源字的提取 ……………………………… 23

第二章　贾湖遗址刻划符号的传承 ……………………… 25

第一节　贾湖遗址简介 ………………………………………… 25
第二节　贾湖文化的扩散 ……………………………………… 27
第三节　以贾湖 ⊟、⌒ 刻划符号为氏族符号的证据 ……… 30
第四节　贾湖文化为何可以大范围传播 ……………………… 41

第三章　荷花山遗址 ⊞ 标识氏族延续及发展 …………… 45

第一节　⊞ 字符考古实物发现 ………………………………… 45
第二节　含 ⊞ 基因片段发展成为的国家和地区 ……………… 50

第四章　陶寺遗址 ⚒ 标识氏族延续及发展 ……………… 52

第一节　陶寺遗址及刻划符号简介 …………………………… 52
第二节　以 ⚒ 为标识的氏族留下的地名 …………………… 54

第五章　双墩遗址 ⋙、& 标识氏族延续及发展 ………… 56

第一节　双墩遗址介绍 ………………………………………… 56
第二节　双墩刻划符号与贾湖刻划符号的比较 ……………… 57
第三节　双墩遗址的商业形式 ………………………………… 59
第四节　双墩刻划符号 ⋙、& 标识氏族的传承 …………… 61

第六章 大汶口文化陵阳河遗址  标识氏族延续及发展 …… 63

第一节 大汶口文化及其痕迹 …… 63

第二节 地名的印证 …… 65

第七章 崞峪遗址  标识氏族延续及发展 …… 68

第一节 崞峪刻划符号 …… 68

第二节 崞峪人群的分化 …… 73

第八章  标识氏族延续及发展 …… 82

第一节 考古遗址中的鸟纹 …… 82

第二节 含  标识建立的国家和地区 …… 84

第三部分 源字的发展 …… 89

第九章 氏族符号发展历程之揣度 …… 91

第一节 氏族符号（源字）时期 …… 91

第二节 胞族符号时期 …… 94

第三节 不同氏族符号的结合时期（部落时期） …… 97

第十章 试用符号的组合解读地名文字 …… 102

第一节 释读 （颍的初字）及附带 …… 102

第二节 辩释 （異，即冀之初文） …… 106

参考文献 ··· **111**

附录 ··· **113**

    附录一 ·· 113

    附录二 ·· 117

    附录三 ·· 118

第一部分 考古遗址中的符号

一切物质都有其最原始、最简单的形式。这种最简单的形式是以后一系列复杂形式的根本。化学现象的本质正是原子的化合与分解。从自然界纷繁复杂的混合物和化合物中筛选提炼，得到物质的构成单位就是原子。那么，在文字的世界里，哪些刻划符号是文字中的"原子"呢？从考古出土的刻划符号中筛选、提取，得到具有特性且最原始的刻划符号，就是所要寻找的"原子"，即文字的源字。

第一章 出土的商前刻划符号

众所周知，甲骨文是我国最早的系统文字，也是比较成熟的文字。在甲骨文以前，根据考古材料来看，我国已有很多尚未完全成熟的文字符号出现。虽然这些刻划的文字符号是一些简单的符号和单字，并无完整的体系，但已是文字发展的萌芽。现对考古发现的商前刻划符号进行逐一的介绍和分析。

第一节 兴隆洞剑齿象牙刻

2001年，考古人员在重庆市奉节县云雾乡兴隆洞（109.1398798°E，30.6307493°N）发掘出了距今15万～12万年，带有刻划纹的剑齿象门齿（图1-1）。

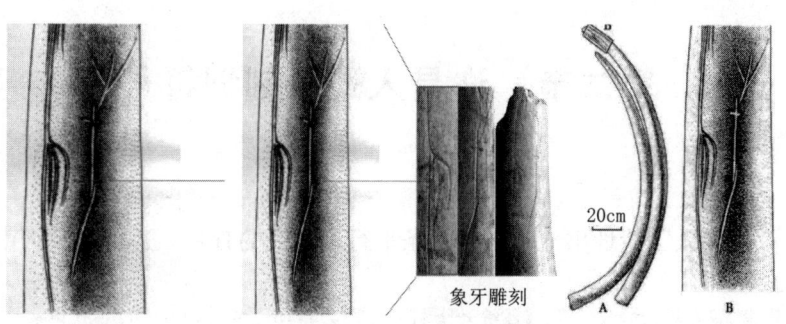

图1-1 兴隆洞剑齿象门齿上的刻划纹

3

该门齿属于东方剑齿象，牙尖残缺，残存部分保存完好，通体光滑，长184厘米，刻划痕迹集中在距牙尖约50厘米范围内，刻划线条粗犷有力。按其结构划分，可分为两组。一组由6条刻纹组成，上部由3条分别为12、26、16毫米长的细而直的斜向刻划纹组成，形如灌木顶端的分叉；中部由"十"字形的2条刻痕组成，竖纹长37毫米、宽1.5毫米，横纹长7毫米、宽1.4毫米；下部由1条长41.5毫米的斜纹组成。在显微镜观察下，这6条刻划纹的断面皆呈"V"字形。总体来看，这三部分组成近似于一条灌木枝的图纹。另一组由4条刻划纹组成。第一条与门齿长轴平行，长110毫米，宽1.2—1.5毫米；第二～第四条均为粗短而相对浅平的曲线，长20—30毫米，呈鹭鸟的羽冠状。①

中国科学院古脊椎动物与古人类研究所研究员尤玉柱说："人类刻划痕迹和细菌作用产生的痕迹在显微镜下是很容易加以区别的，属于人工刻划的痕迹具有明显的方向性，刻痕刚劲而直，痕迹的宽度大致相同。"中央美术学院雕刻系孙家钵认为，几条直的和弯曲的痕迹应该是人刻的，其特点是刻纹直而深，曲形纹弧度大。遗址中还发现了石制品、骨制品、牙制品、石哨、石鸮、智人的牙齿化石以及50余种哺乳动物化石。通过对在同一层位出土的剑齿象臼齿进行铀系法测定，确定这些化石的年代为距今14万年。剑齿象牙刻，将人类刻划的时期向前推进到了14万年前。

第二节　许昌人遗址刻划符号

"许昌人"遗址出土了刻有7条平行刻划线的骨片。遗址位于河南省许

---

① 高星、黄万坡、徐自强，等：《三峡兴隆洞出土12万—15万年前的古人类化石和象牙刻划》，《科学通讯》2003年第23期。

昌市西北约 15 千米的灵井镇西侧（113.6925046°E，34.073325°N），海拔 117 米。经过显微镜观察和试验室重建，发现这些线条是用石制尖状器刻划上去的，用力较匀，制作精细，局部有虚线的部分，后来经拉曼光谱仪、能谱仪测试，发现刻划线上有红赭石染料残留。通过对这件骨片进行制作试验和进一步测试，可以认定这件人工制品距今 11 万年左右，比来自南非的此前已知最古老的现代人画作早约 4 万年。

1965 年春，中国科学院古脊椎动物与古人类研究所在许昌灵井采集到一批中石器时代的动物化石和打制石器。2005 年，河南省文物考古研究所对这处史前遗址进行考古发掘，出土旧石器时代石器、骨器和动物化石共计 3 万余件。2007 年和 2014 年，发现了人类头骨化石的碎片，通过应用地层对比、动物群组成分析及光释光测年等多种方法的综合研究，该处人类化石的年代被确定为距今 12.5 万—10.5 万年前（图 1-2）。

图 1-2　许昌人遗址刻符骨片

第三节　水洞沟遗址刻划符号

水洞沟遗址（106.5158306°E，38.2969665°N）位于宁夏灵武市临河镇水洞沟村，占地面积 7.8 平方千米。1923 年，法国古生物学家德日进、桑志华在这里发现了史前文化遗址，通过发掘，此地出土了 3 万余件石器和 67 件古动物化石（有披毛犀、普氏野马、野驴、水牛、羚羊、鸵鸟），水洞沟因此成为我国最早发现的旧石器时代古人类文化遗址，被誉为"中国史前考古的发祥地"。在3万年前，宁夏水洞沟人的生产已达到了同时代最高水平，使用着领先的、精美的石制工具，例如石针。

在2011年，研究人员在此处发现一硅质灰岩，其中一个石面上发现有8条刻划痕迹，这8条刻划痕迹与石核长轴垂直。其中两条彼此相交，其余的接近平行排列。除最右侧较短的划痕，其余线都接近由两个石皮面构成的自然棱脊，有的延伸至另一个石皮面（图1-3）。

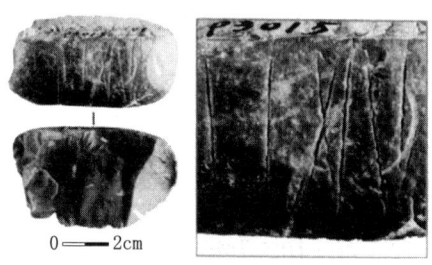

图1-3 水洞沟有刻划符号的石刻

研究人员应用数字显微镜建立了这些刻痕的三维数字模型以进行观测与对比，在排除了自然环境原因、动物咬和人类无意识行为等多种其他原因后确认，这一刻划痕迹是古人类有意识所为。这一证据说明旧石器时代晚期东北亚地区古人类具有相当的认知能力，也证明了旧石器时代晚期现代行为在这一地区已出现。

第四节　峙峪遗址骨刻

峙峪遗址（112.3 552117°E，39.4107282°N）位于山西省朔州市城西北，峙峪河二级阶地砂砾层中，1963年，由中国科学院古脊椎动物与古人类研究所发掘，为华北地区旧石器时代晚期的文化，该文化以细小石制品为主要特征。

其地质时代属于更新世晚期，文化层中含有大量动物化石，其中灭绝种有披毛犀、河套大角鹿、王氏水牛、斑鬣狗4种，占40%，现生种有6种，和萨拉乌苏动物群的性质相近。据对烧骨和灰烬层进行碳14（放射性碳素）测定断代，峙峪遗址出现的时代早于山顶洞而晚于丁村。峙峪文化的石制品共发现2万余件。中国科学院古脊椎动物和古人类研究所尤玉柱教授在峙峪遗址发现了长8厘米，宽3.1厘米，刻有纹饰的骨雕，距今已有28000年（图1-4）。

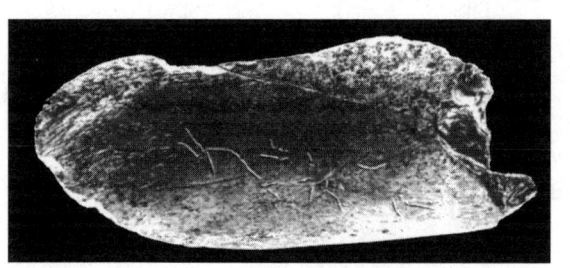 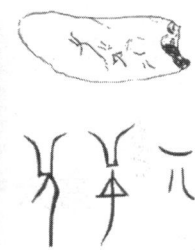

图1-4　峙峪刻划符号

第五节　阎家岗遗址旧石器时代刻划符号

阎家岗遗址（126.3158495°E，45.6478842°N）位于哈尔滨市西南25千米处，东起道里区新农砖厂，西至阎家岗农场啤酒厂，北距松花江约8千米，东西长约600米，南北宽约70米。出土物有古脊椎动物化石33种，共2500余件；石制品9件，有砍砸器、刮削器、石片、石核，均为人工打击而成；人工打击的碎骨43件，骨器7件。

另出土两个古营地遗址，相距40米，分别用300和500多块兽骨垒砌而成，还发现了烧骨、炭屑和粪便化石。经碳14测定，遗址出土的哺乳动物化石属于更新世晚期顾乡屯组披毛犀猛犸象群，计有36个属种；又出土相当数量带有人工打击和刻划痕迹的兽骨片。化石的年代为距今 22370 ± 300 年，相当于考古学上的旧石器时代晚期（图 1-5）。①

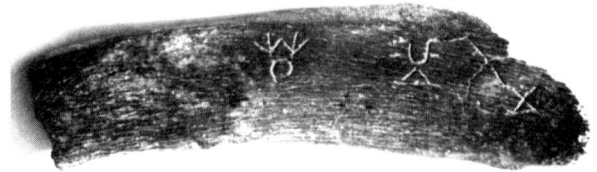

图 1-5　阎家岗刻划符号

第六节　荷花山遗址刻划符号

　　荷花山遗址（119.2590847°E，29.0407803°N）位于浙江省龙游县湖镇镇邵家自然村南侧的一个山丘上，衢江南侧，海拔 49 米至 64 米。面积共约 900 平方米。遗址最深厚位置包含 7 个文化层堆积，发掘出灰坑、柱洞等遗迹现象和丰富的陶石器。根据发掘出土的遗物分析，遗址的年代距今 9000—8000 年。夹炭陶片中掺和了大量的稻壳，反映了上山文化使用稻米资源的共同特征。荷花山遗址陶器上发现了一些有象征性意义的刻划图案，如在早期的陶纹中，有一种 田 字纹，具有特殊的意义（图 1-6）。

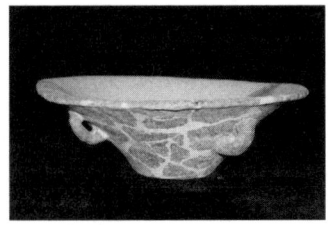

图 1-6　荷花山陶器刻符

---

①　魏正一、杨大山、尹开屏，等：《哈尔滨阎家岗旧石器时代晚期地点（1982—1983 年发掘报告）》，《北方文物》1986 年第 4 期。

第七节　贾湖遗址刻划符号

贾湖遗址（113.6738568°E，33.6188587°N）位于河南省舞阳县北舞渡镇西南1.5千米的贾湖村，遗址几乎呈圆形，保护区面积为5.5万平方米，文化层厚1—1.5米。该遗址自发现30年来，先后经历了8次考古发掘，发现重要遗迹数以千计，出土5500余件文物及大量动植物遗骸，是中国新石器时代前期规模大、保存完整、文化积淀极为丰厚的文化遗存。

贾湖遗址出土的甲骨所显示的刻划符号，其形成年代据碳14检测为距今9000—7500年。早于安阳殷墟的甲骨卜辞4000多年，领先于素称世界最早文字的古埃及纸草文书，比西安半坡仰韶文化陶器上的刻划符号和山东大汶口文化陶器上的文字早约2000年。新发现的甲骨刻划符号，多载于随葬的带孔龟甲甲板上。这类带孔甲板是与远古时期人类占卜相关的佩戴在身上的饰物。从部分刻划符号的形体来看，个别与安阳殷墟甲骨卜辞的字形近似，这种现象表明安阳殷墟的甲骨卜辞应与此一脉相承。它为探索中国文字的起源提供了珍贵的实物资料（图1-7）。①

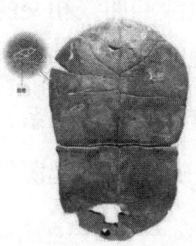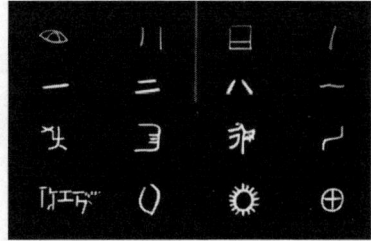

图1-7　贾湖刻划符号

① Xueqin Li, Garman Harbottle, Juzhong Zhang, etal. "The earliest writing? Sign use in the seventh millennium BC at Jiaju, Henan Province, China，"*Antiquity*77, no.295（2003）：31-44.

香港中文大学饶宗颐曾对贾湖划符进行了深入探讨考证，提出"贾湖刻符对汉字来源的关键性问题提供了崭新的资料"。北京大学历史系古文字学家葛英会也认为"这些符号应该是一种文字"。也有其他学者认为"贾湖刻符的发现，为商代甲骨文的历史源头探索提供了可靠的证据"。[1]

第八节　仰韶文化彩绘和刻划符号

一、大地湾彩绘和刻划符号

大地湾遗址（105.9141006°E，35.0168407°N）位于甘肃省天水市秦安县东北45千米处的五营乡邵店村东，总面积为270万平方米，是一处距今8000—4800年的史前遗址，也是已发现的中国新石器时代遗址中年代较早的一处遗址。2006年的又一次发掘研究将大地湾遗址的人类活动历史由8000年前推前至6万年前。该遗址出土陶、石、玉、骨、角、蚌器等文物近万件。

大地湾遗址出土的陶器上发现了10多种刻划符号，有类似水波纹状的；有类似植物生长的，还有以直线和曲线相交的形纹等。这些介于图画和文字之间的朱彩符号，在年代上早于半坡的刻划符号千年以上，又与仰韶时代种类逐渐增多的刻划符号有着非常密切的联系，甚至有些刻划符号与半坡的刻划符号完全一致，这无疑为中国的文字起源提供了极为重要的资料和线索（图1-8）。

---

[1] 河南省文物考古研究院、中国科学技术大学科技史与科技考古系：《舞阳贾湖·2》，科学出版社，2015，第532页。

图 1-8　大地湾陶器上的符号

二、半坡、姜寨刻划符号

半坡遗址（109.0601193°E，34.2788172°N）位于陕西省西安市东郊灞桥区浐河东岸，是黄河流域一处典型的原始社会母系氏族公社村落遗址，属于新石器时代仰韶文化，据碳 14 测定并经校正，年代为公元前 4800—前 4300 年（图 1-9）。

姜寨遗址位于陕西省临潼区城北，地处临河东岸的第二台地（109.2193439°E，34.3854590°N），年代为公元前 4600—前 4400 年（图 1-10）。

图 1-9　半坡符号　　　　　图 1-10　姜寨符号

第九节　双墩遗址刻划符号

双墩遗址（117.3316805°E，32.9895576°N）位于安徽省蚌埠市淮上区小蚌埠镇双墩村北，距今 7000 年左右，出土了大量的陶器、石器、骨角器、蚌器，红烧土块建筑遗存，动物骨骼和螺蚌壳等，种类繁多，既有生产工具、生活用具，也有带有大批刻划符号的泥塑艺术品。这种符号基本上都刻划在陶碗的圈足内，仅有少数符号刻划在碗的腹部或其他器物的不同部位。双墩遗址出土的有刻划符号的古陶器有 600 多件，这些陶器纹饰简练，刻划手法粗犷，写实中有夸张，风格神奇怪异，很有原始艺术的趣味和神秘感。其中有大量逼真的象形动物刻划符号，以鱼纹、猪纹为多，还有鹿、蚕、鸟、虫等符号（图 1-11）。

图 1-11　双墩遗址陶器刻划符号

双墩遗址刻划符号是淮河流域产生早期文明的有力证据，对于中国文字乃至整个人类文字起源的研究都有十分重要的意义。

第十节　大汶口遗址文化刻划符号

大汶口遗址因遗址位于山东省泰安市岱岳区大汶口镇而得名，分布地区东至黄海之滨，西至鲁西平原东部，北达渤海北岸，南到江苏淮北一带，为山东龙山文化的源头。据碳14断代并校正后得出，大汶口文化年代距今6500—4500年，延续时间2000年左右。根据地层叠压关系和遗物特征，大汶口文化可以分为早、中、晚3期。图1-12中的器物为大汶口陶尊，出土于莒县陵阳河、大朱村和诸城前寨等大汶口文化遗址中。图1-12中第一个陶尊上发现了3个刻划符号，据碳14测定，所属年代为公元前2780±145年（图1-12）。

图1-12　大汶口陶尊刻划符号

龙山文化泛指黄河中、下游地区属于新石器时代晚期的一类文化遗存，为铜石并用时代文化。龙山文化因首次发现于山东省济南市历城县龙山镇（今属济南市章丘区）而得名。经碳14断代并校正，龙山文化年代为公元前2500—前2000年（距今4500—4000年），分布于黄河中下游的河南、山东、山西、陕西等省。龙山文化时期相当于文献记载的夏代之前或与夏初略有交叠。

龙山文化源自大汶口文化，为汉族先民创造的远古文明，发现刻划符号较多，其中在山东地区具有代表性的是丁公遗址陶文。

丁公遗址位于邹平市长山镇丁公村东，距今5500—2000年，遗址中发现了大量龙山文化及岳石文化遗物。1991年第四次发掘的时候，发现了一些刻在陶器上的文字，这些陶文整齐地刻在一件泥质磨光灰陶大平底盆底部残片的器内面，共有5行11个字，右起一行为3个字，其余4行每行都是2个字。陶文笔画流畅，独立成字，刻写有一定章法，已经脱离了单个符号和图画的阶段，全文很可能是一个短句或者辞章，表现了一次完整的叙事（图1-13）。

图1-13 丁公遗址陶文

第十一节 良渚遗址陶符

良渚遗址是良渚、瓶窑、安溪三镇之间许多遗址的总称，位于杭州市城北18千米处的余杭区。遗址总面积约为34平方千米。瓶窑镇是良渚文化的遗址中心，年代距今5300—4300年，是长江下游良渚文化的代表性遗址。

良渚遗址最大的特色是所出土的玉器。挖掘自墓葬中的玉器有璧、琮、钺、璜、冠形器、三叉形玉器、玉镯、玉管、玉珠、玉坠、柱形玉器、锥形玉器、玉带及玉环等；另外，陶器也相当细致。多年来有大量发现，尤其是近年来卞家山、庙前和庄桥坟等遗址的大量出土，为进行这方面的资料收集和研究提供基础。刻划符号是良渚文化研究的重要内容。

具有代表性的器物如下。

① 古井黑陶鱼篓形罐。江苏吴县澄湖古井黑陶鱼篓形罐上连续出现 4 个符号，符号是陶器烧成后用锋刃器刻划而成（图 1-14）。

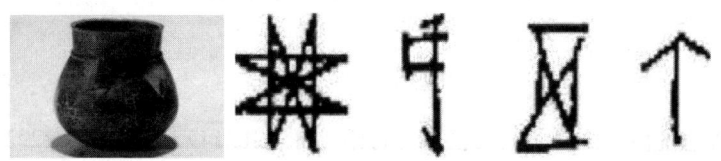

图 1-14　古井黑陶鱼篓形罐及刻划符号

② 石钺刻符。浙江平湖庄桥坟遗址出土的器物上，发现了大量刻划符号和部分原始文字，尤其是其中的两件石钺上的符号呈现出"排列成序"的状态，其刻痕较浅，比较集中地出现在石钺的一个方位。后经古文字专家确认，这些文字是良渚原始文字（图 1-15）。

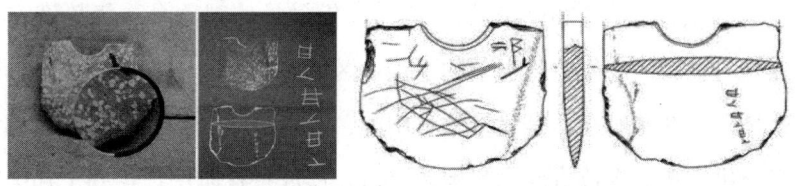

图 1-15　平湖庄桥坟石钺及刻划符号

③ 黑皮贯耳壶。收藏于美国哈佛大学福格艺术博物馆的良渚文化晚期的黑皮贯耳壶，壶高 12.9 厘米，口径 7.3 厘米，底径 9.2 厘米，圈足内壁上刻划有 9 个字符。单个符号不一定是文字，有序组合排列的多个符号则有可能是文字（图 1-16）。[①]

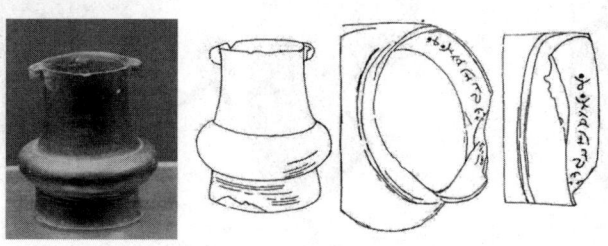

图 1-16　黑皮贯耳壶

---

① 饶宗颐：《哈佛大学所藏良渚黑陶上的符号试释》，《浙江学刊》1990 年第 6 期。

第十二节　陶寺朱文

陶寺遗址位于山西省襄汾县陶寺村南（115.5103149 °E，35.9078292 °N），中国社会科学院考古研究所山西队和山西省临汾地区文化局联合组成的考古队多年来对其进行大规模的田野发掘，结合了磁力仪和探地雷达物探、环境考古、动物考古、植物考古（孢粉、浮选、选种）、人骨分析、DNA 分析、天文学等多项科技考古手段，包括应用碳 14 测年技术的年代学探讨，判断陶寺文化的绝对年代为公元前 4300—前 3900 年。在陶寺遗址中发现了规模空前的城址、与之相匹配的王墓、世界最早的观象台、气势恢宏的宫殿、独立的仓储区、集中管理下的手工业区等。有许多专家学者提出，陶寺遗址就是帝尧都城所在，是最早的"中国"。根据发掘的成果来看，陶寺社会贫富分化悬殊，少数贵族大量聚敛财富，形成特权阶层，走到了邦国时代的边缘和方国时代。出土朱书文字扁壶的灰坑 H3403，属于陶寺遗址晚期。陶寺遗址发现朱书文字并成功破译，将汉字的成熟期至少推进至距今 4000 年前，是探索中国古代文明起源的重大突破（图 1-17）。

图 1-17　陶寺朱文

第十三节　马家窑文化刻划符号

马家窑文化于 1923 年首次发现于甘肃省临洮县的马家窑村麻峪沟口（103.8191399°E，35.3167039°N），主要分布于黄河上游地区甘肃、青海境内的洮河、大夏河及湟水流域和凉州的谷水流域一带。在时间顺序上，马家窑文化上承仰韶文化的庙底沟类型，下接齐家文化。据碳 14 断代并经校正，马家窑文化年代为公元前 3300—前 2050 年。历经了 1000 多年的发展，有石岭下、马家窑、半山、马厂 4 个类型。重要遗址有东乡林家、临洮马家窑、广河地巴坪，以及兰州的青岗岔、花寨子、土谷台、白道沟坪与永昌鸳鸯池和青海乐都柳湾等地的 20 多处（图 1-18、图 1-19）。

图 1-18　马家窑文化刻划符号 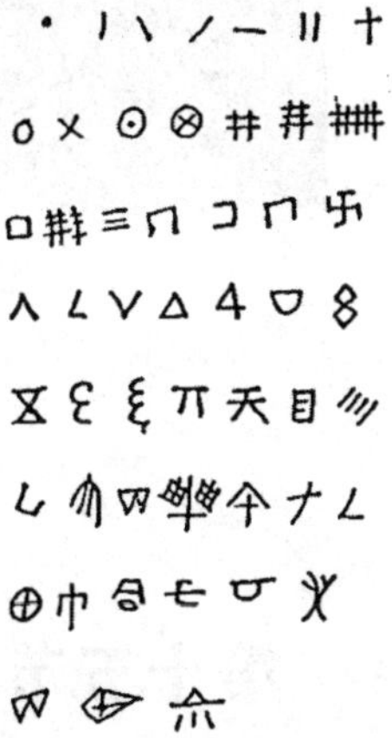　　图 1-19　柳湾符号

第十四节　骨刻文

骨刻文指在兽骨上刻划的符号，在山东被集中发现（赤峰、关中等地也有发现）。骨刻符号最早在2005年由山东大学美术考古研究所刘凤君发现并命名，始称"东夷文字"，后称"骨刻文"，并认定刻划工具为玛瑙等加工后带锐角的宝石，形成于公元前4600—前3300年，是龙山文化时期流行的文字（图1-20）。

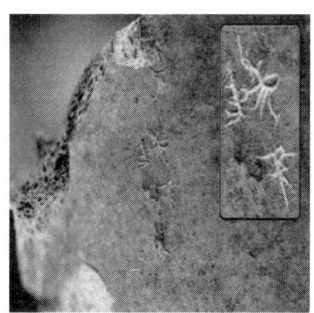

图1-20　骨刻文刻划符号

第十五节　三峡地区刻划符号

三峡地区有彭头山文化、城背溪文化、大溪文化、屈家岭文化、石家河文化等，是中国文字的重要源头之一，秭归柳林溪和朝天嘴、宜昌杨家湾均出土有较多的刻划符号。

一、彭头山棒形坠饰刻划符号

彭头山遗址位于湖南省澧县大坪乡平原中部（111.6668874 °E，29.6850058 °N），是长江流域最早的新石器时代文化遗址，年代距今8200—7800年。其中，少数棒坠饰上有刻写的符号，其中一棒形坠饰长8.5厘米，底宽1.1厘米（图1-21）。

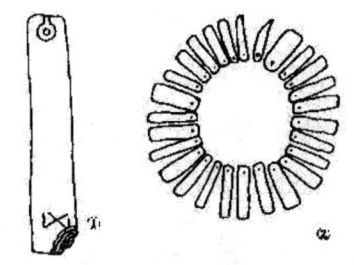

图1-21　彭头山棒形坠饰刻划符号

二、城背溪文化之柳林溪刻划符号

柳林溪遗址陶片上刻有新石器时期的刻划符号。经过仔细拼对、分析、统计，确认有刻符的陶器有80件，不同的符号有232个，主要刻划在陶罐、支座和圈足碗这3类器物上，刻划部位也比较固定，陶罐上的符号刻在口沿外侧，支座上的符号刻在顶部或柱身，圈足碗上的符号刻在碗外底部。所有符号均为阴刻，笔画的粗细、深浅各异，有的比较尖细，有的略显宽平，还有的呈圆弧状。依照发掘的地层和出土包含物分析，所有刻符的年代距今7000—6000年（图1-22）。

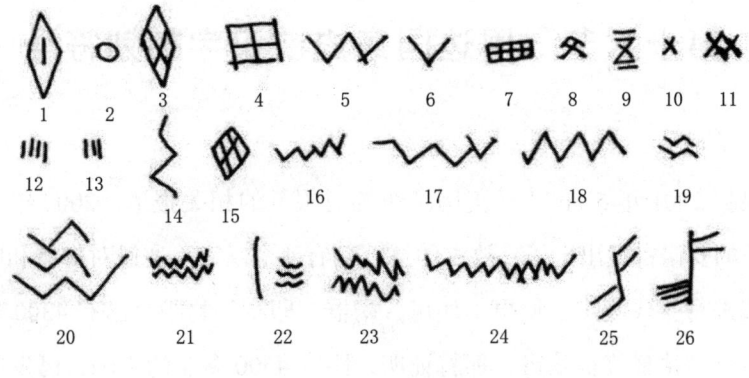

图1-22　柳林溪刻划符号

三、大溪文化之杨家湾刻划符号

杨家湾遗址位于西陵峡以南的宜昌县三斗坪，东距宜昌市约 45 千米，西距三斗坪公社约 4 千米。北临长江，南依黄牛岩山峰。遗址在长江南岸第三台阶上的一个南北向漫坡土岗。遗址东西长 86.8 米，南北宽 77 米，面积共 6000 多平方米。该遗址出土的陶器上发现了大量的刻划符号（图 1-23）。

图 1-23　杨家湾刻划符号

第十六节　周边国家史前汉字刻划符号

根据 2001 年 5 月 13 日美国《纽约时报》的相关报道，2000 年，土库曼斯坦的安诺古城出土了一枚古印章，刻有 4 个汉字。通过对陶器和印章周围的碳进行年代测定，得出土坯房、陶器、印章等物距今已有 4300 多年。如果这个结论最终被认可，那将证明，距今 4300 多年的中国，已发明了汉字，而且还能说明，在当时中华文化已经影响到了中亚地区（图 1-24）。

图 1-24　安诺古城出土的印章

综合以上的分析，现将考古遗址中出土的商前刻划符号整理如下（表1-1）。

表 1-1　出土的商前刻划符号

序号	名称	年限	坐标	遗址地址
1	兴隆洞剑齿象牙刻	距今15万—12万年	（109.1398798°E，30.6307493°N）	重庆市奉节县云雾乡兴隆洞
2	许昌人遗址骨刻	距今11万年	（113.6925046°E，34.073325°N）	河南省许昌市西北约15千米的灵井镇
3	水洞沟石刻	距今3.3万—3万年	（106.5158306°E，38.2969665°N）	宁夏灵武市临河镇水洞沟村
4	峙峪骨刻	距今2.85万—2.8万年	（112.3552117°E，39.4107282°N）	山西省朔县城西北峙峪村
5	阎家岗骨刻	距今22370±300年	（126.3158495°E，45.6478842°N）	黑龙江省哈尔滨市西南25千米处
6	荷花山陶刻	距今9000—8000年	（119.2590847°E，29.0407803°N）	浙江省龙游县湖镇镇邵家自然村
7	彭头山棒形坠饰刻符	距今8200—7800年	（111.6677205°E，29.6849519°N）	湖南省澧县大坪乡平原中部
8	贾湖刻符	距今9000—7500年	（113.6738568°E，33.6188587°N）	河南省舞阳县北舞渡镇西南1.5千米的贾湖村

续表

序号	名称	年限	坐标	遗址地址
9	大地湾刻符	距今 8000—4800 年	（105.9141006°E，35.0168407°N）	甘肃省天水市秦安县东北 45 千米处的五营乡邵店村
10	半坡、姜寨刻符	半坡：公元前 4800—前 4300 年 姜寨：公元前 4600—前 4400 年	半坡：（109.0601193°E，34.2788172°N） 姜寨：（109.2193439°E，34.3854590°N）	半坡：陕西省西安市东郊灞桥区浐河东岸 姜寨：陕西省临潼区城北，临河东岸的第二台地
11	双墩刻符	距今 7000 年	（117.3316805°E，32.9895576°N）	安徽省蚌埠市淮上区小蚌埠镇双墩村北
12	大汶口文化刻符	公元前 2780±前 145 年	（117.0926527°E，35.9499171°N）	黄河下游一带
13	良渚陶符	距今 5300—4300 年	（119.9984555°E，30.3998747°N）	浙江省杭州市城北 18 千米处余杭区
14	陶寺朱文	公元前 4300—前 3900 年	（115.5103149°E，35.9078292°N）	山西省襄汾县陶寺村南
15	马家窑陶器符号	公元前 3300—前 2050 年	（103.8191399°E，35.3167039°N）	甘肃省临洮县洮河西岸的马家窑村麻峪沟口

以上是考古发现中最原始的、具有代表性的刻划符号，是文字符号的"原子"级阶段。在甲骨文形成之前，多地发现了刻划或书写符号的存在，不只有单个刻符的出现，而且还有联句的出现。这足以证明人们在不同时期、不同地方，已开始进行用符号表达某一种意向或者事物的探索和尝试。

第二部分 源字的提取

元素在自然界中大多以化合物的形式存在，即使是同一种元素，其化合物的形式也是千差万别的。例如，O（氧）有 O_2、H_2O、CO_2、SO_2、Fe_2O_3、Fe_3O_4……在这些化合物中有无色无味的气体，有有色有味的气体，有无色无味的液体，有红褐色的固体，有黑色的固体，有白色的晶体。即使有千差万别的形态，经过一系列的分离、提纯等操作，当到了分子研究的层面时，人们是可以清楚地分辨出其中的氧原子（离子）的存在，而这个氧原子（离子）则是其具有相同归属的依据。这种说法化学专业性较强，换句更加通俗易懂的话来说，就是寻找相同的"基因片段"。在文字中，这种不可再分割的且独具特色的"基因片段"就是源字。将提纯与分离的理念引入古文字研究，可找到远古刻划符号的原始"基因片段"。

至今出土商前刻划符号很多，如一、丨、十、丿、丶等，这些符号无法确定其最早的出处，所以也无法确定其发展途径。只有选择具有独特地域特色、与后世传承具有相同"基因片段"的商前原始刻划符号，如日、⌒、田、夂等加以提取分析，可以确定其原始人群的发展、扩张、迁徙、传承关系，进而寻找刻划符号发展成为文字的道路。

第二章 贾湖遗址刻划符号的传承

第一节 贾湖遗址简介

贾湖遗址位于河南省舞阳县北舞渡镇西南1.5千米的贾湖村，碳14检测结果显示其距今9000—7500年，整个遗址平面呈不规则圆形，总面积约55000平方米。文化层厚1—1.5米。该遗址自发现以来，先后经历了8次考古发掘，出土文物5500余件，是中国新石器时代前期重要遗址。

贾湖遗址的发现与发掘具有很高的历史与科学价值，正如我国著名考古学家俞伟超先生在《舞阳贾湖（下卷）》一书的序言中所说："贾湖遗址的发掘，可称是20世纪80年代以来我国新石器考古中最重要的工作。"其价值主要表现在以下几个方面：

第一，贾湖遗址有其独特而丰富的文化内涵和复杂的地层关系，这对裴李岗文化的类型与分析研究的深入进行有重大意义。

第二，贾湖遗址中发现的大批房基、墓葬、窖穴、陶窑以及大量的生产工具，对研究当时的聚落形态、生产力发展水平有重大意义。

第三，贾湖遗址中发现的大批保存较好的人体骨架及动物骨骼，对研究当时的人种、人类体质、家畜起源、生态环境有重要意义。

第四，墓葬中随葬的龟甲及骨笛和权形骨器等原始宗教用具，为研究当时的埋葬习俗、龟灵崇拜、信仰等宗教意识提供了重要资料。

第五，贾湖遗址出土的我国迄今发现年代最早的乐器——骨笛，经研究发现已具备了四声、五声、六声、七声音阶，在我国乃至世界音乐史上都有重要的历史地位。

第六，贾湖遗址出土的刻在龟甲、骨器、石器、陶器上的刻划符号表明，在距今 9000—8000 年的贾湖文化已出现了原始文字性质的符号，为研究我国文字的起源提供了重要资料。

第七，根据中国科技大学和美国宾夕法尼亚大学对贾湖陶器的研究分析，9000 年前的贾湖人已掌握原始的酿酒技术，这对研究世界酒文化史具有重大意义。

在遗址中出土的龟甲和陶器上刻有符号 16 种，分别刻于 14 件甲、骨、石、陶器上。从符号的形状来看，其具有多笔组成的结构，应承载着契刻者的一定意图。如近似甲骨文的 ⌒ 字、曰 字等，经碳 14 测定，其年代距今 7762±128 年（图 2-1）。

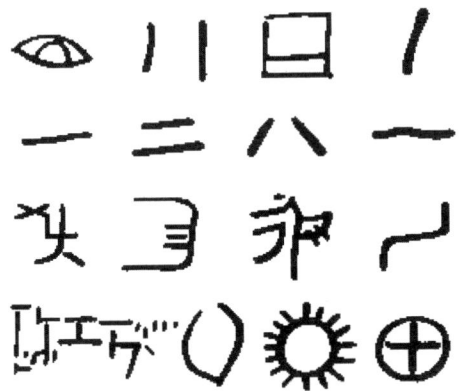

图 2-1 贾湖遗址出土的刻划符号

第二节 贾湖文化的扩散

一、裴李岗文化简介

裴李岗文化因最早在河南新郑的裴李岗村被发掘并认定而得名。其分布范围以新郑为中心,北至太行山,南至大别山,东至豫东,西至豫西。据碳14测定,裴李岗文化的年代为距今9000—7000年,可能跨越2000年左右。在裴李岗文化时期,氏族在丘陵和台地上,用耒耜、石斧、石铲进行耕作,种植粟类作物,用石镰进行收割,用石磨盘、石磨棒加工粟粮,还种植枣树、核桃树等,在木栅栏里和洞穴中饲养猪、狗、牛、羊、鹿、鸡等,并用鱼镖、骨簇从事渔猎生产。他们建有许多陶窑,烧制钵、缸、杯、壶、罐、瓮、盆、甑、碗、勺、鼎等。除了生产外,他们还有简单的文化生活,如在龟甲、骨器和石器上刻划符号式的原始文字,用以记事,或将烧制的陶器工艺品摆放在案头观赏。这就是中原最古老的文明——裴李岗文化(图2-2)。

图2-2　裴李岗文化时期石磨盘、红陶

裴李岗文化是汉族先民在黄河流域创造的古老文化,是华夏文明的重要起源。裴李岗文化无论是在生产力还是在文化艺术方面,在中国远古这块大地上，与同时期河北的磁山文化、甘肃的大地湾文化相比，均处于领先地位。在裴李岗文化中，贾湖遗址的遗存最为丰富多彩（图2-3～图2-5）。

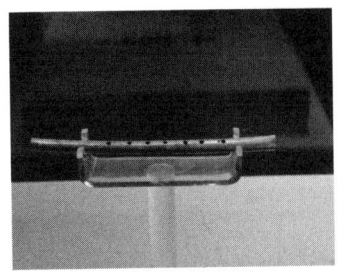  

图2-3　贾湖骨笛　　图2-4　贾湖龟甲刻划符号　　图2-5　贾湖酒器

据考古挖掘，在距今7500年前，贾湖遗址的人群消失了。贾湖文化是否传承下来，可以先看一下后来的裴李岗文化后期、仰韶文化时期、龙山文化时期所处的历史舞台位置。

裴李岗文化时期，第四纪黄土广泛覆盖，尤其是豫东平原，黄河冲积的次生黄土非常有利于古代农业的发展。据气象学方面的研究，在距今8000—2500年的全新世中期，中原和华北地区的年平均气温比现在高得多，粟作农业在这里得到长足发展。在河北省磁山遗址中发现的88个窖穴（灰坑）内有堆积的粟灰，一般堆积厚度为0.2—2米，有10个窖穴的粮食堆积厚达2米以上。粮食是决定人口数量的最重要的指标。有足够的粮食和丰富的生产资料以及广阔的生存空间，人口迅速增加。人口多了便需要到新的生存空间继续发展。所以，具有裴李岗文化特征的石磨盘、石磨棒等生产工具得以大面积扩散。

裴李岗文化受周围文化的影响有限，对外产生的影响却十分显著，尤其是在其后期阶段。约公元前6200年，裴李岗文化向西对渭河流域和汉水上游、向北对冀南豫北地区产生的影响和渗透相当明显。

二、裴李岗文化的西南传播

南阳方城大张庄遗址正是裴李岗向下王岗过渡的重要遗址。裴李岗文化的一支经南阳盆地到丹江下游，然后沿汉水先传入汉中盆地及渭河流域的宝鸡地区，在那里与当地老官台文化一道发展，共同创造了灿烂的半坡类型文化。张居中先生认为，裴李岗文化贾湖类型晚期一直向西发展，与当地文化融合，形成下王岗早期文化。

三、裴李岗文化的西向渗入

白家文化可能是裴李岗文化西向扩展并与土著文化融合的产物。渭河和汉水上游地区的白家文化，以前曾被称为"老官台文化"，以陕西临潼白家村遗存和甘肃秦安大地湾一期遗存为代表，还见于渭河流域的天水西山坪，夏县师村，宝鸡北首岭、关桃园，临潼零口，渭南北刘，以及汉水上游的西乡李家村、何家湾，汉阴阮家坝，紫阳马家营、白马石，南郑龙岗寺，商州区紫荆等遗址。

四、裴李岗文化与江淮地区龙虬庄文化关系密切

在距今 7000—5000 年，江淮流域存在着一支文化面貌独特、文化序列完整的原始文化，即"龙虬庄文化"。龙虬庄文化处于贾湖文化的衰落期。从稻作农业来看，二者继承发展关系明显，如贾湖的骨环等器物在龙虬庄遗址沿用，二者埋葬习俗一致，不少陶器存在渊源关系。

五、裴李岗文化向东北的推进与北辛文化的形成有关

公元前 5400 年以后，裴李岗文化因素较多见于海岱地区。裴李岗文化是汶泗流域北辛文化的主要来源之一。其实，几乎所有北辛文化遗存中或多或少都包含着裴李岗文化因素，连山东半岛的白石类型也不例外。可能正是裴李岗文化部分人群东向迁徙的背景，促成了后李文化向北辛文化的转变。至于裴李岗文化因素同样常见于附近的安徽濉溪石山孜一期遗存，那更是情

理之中的事情。

六、裴李岗文化的北向发展

豫北冀南地区的磁山文化，以河北武安磁山遗址为代表，还见于附近洺河流域的牛洼堡、西万年等遗址，以及河南淇县花窝遗址。据磁山、花窝遗址的测年树轮校正数据，磁山文化的绝对年代为公元前6000—前5600年。裴李岗文化后期不但对磁山文化产生了明显影响，而且影响力度逐渐加强。但是，裴李岗文化的影响并未从根本上改变当地文化的土著属性。

"裴李岗文化强盛时对外扩张影响，将渭河流域、汉水上游和黄河中游以北地区与之紧密联系在一起；衰败时又东向迁徙，其文化因素深深渗透到黄河下游和淮北地区文化当中。正是地处中原核心的裴李岗文化的强大作用，才使黄河流域文化紧密连结在一起，从而于公元前第九千纪形成新石器时代的'黄河流域文化区'，黄河下游、汉水上游、淮北甚至长江中游地区文化也才能与中原文化区发生较多联系，从而形成'早期中国文化圈'。尤其是中原地区文化此后的发展有了一个颇具共性的基础——这个基础暗含对中原腹地的一定程度的认同、彼此间的默契以及易于交流等多种契机。"①

第三节　以贾湖▭、⌒⌒刻划符号为氏族符号的证据

其他部族的人怎么称呼裴李岗文化人群呢？那时没有"裴李岗文

---

① 韩建业：《裴李岗文化的迁徙影响与早期中国文化圈的雏形》，《中原文物》2009年第2期。

化""贾湖文化"这些名词。但是，只要是事物总要有一个名称。在最原始的状态下，一个家庭或者一个氏族同吃同住，不分你我，不需要有什么特殊性标志。随着人类数量不断地增加，家庭、氏族之间的见面、交流、狩猎、战争逐渐频繁，私人物品、氏族私有物品开始要有区分，这时就必须有特定符号来加以区别。承担这种区别功能的就是现在人们所看到的刻划符号（图2-6）。所以，贾湖刻符应是贾湖地区某几个氏族的符号。

图2-6　贾湖遗址出土的龟腹甲片刻符

不同的物种好区分，同一物种若数量太多，必定要用标识加以区分。例如，在牧区，不同家庭的羊群或者牛群，身上常常标有不同的标识；战场上各方势力的区分更是各个氏族首领最为关心的大事。标识的出现说明生产力已经发展，当生产力发展至一定阶段，私有物品大量涌现，人们开始需要明确区分物品归属，于是物品上出现了刻符，这些刻符逐渐从标识个人物品演变为标识氏族的符号。

这些符号是作为本氏族区别于其他氏族的标志而使用。有氏族标识的物品其他氏族的人不能盗拿，即使盗拿，也可以辨认出来。如果使用这种标识的氏族兴旺发达了，这个标识也就成了族徽。如果使用这个族徽的氏族继续发展壮大，又分化出一些家庭来形成新的氏族或者邦国，可以在继续使用原来族徽的基础上加以变化或者衍生。这样既传承了原有族徽，又有所区别，形成了新的族徽。

由一个简单的符号向两个或者更多个的较为复杂的符号发展，是一个漫长的过程。这种氏族标识符号组合在后来有一个快速发展的时期，那就是出现了早期城市的这一时期。

在裴李岗文化中贾湖最为先进，外部人群就以贾湖人群称谓代表了所有的裴李岗文化人群，代表贾湖氏族的符号日（下文释为日）、（下文释为目）逐渐成为一系列古方国名称中不可或缺的"基因片段"。这种推测有无根据？在我国已知最早的系统文字——甲骨文中可以看出端倪（本书所有字的验证，均以距今最早的甲骨文为准，余者不论）。

一、甲骨文中有日符号的方国和地区名称

根据考古资料整理，甲骨文中有日符号的方国和地区名称大致有如下内容。

（一）茻（莫）

茻（莫），茻（一期 簠26）、茻（一期 乙8795）、茻（二期 佚878），见《甲骨文字典》第61页。

《说文解字》（以下简称《说文》）中解释为："莫，日且冥也。从日在茻中。"徐中舒认为："象鸟归林以会日暮之意。"莫在这里有两种释义，一种释义是日降落之时；另一种解释为方国名。辛亥卜出贞令莫白，释义为：辛亥卜出贞令莫白（伯）（金413）。可知，这里指的是莫州城遗址，位于河北沧州市任丘城北16.5公里，约建于东周战国时期公元前770—前535年。

（二）奱

奱，在甲骨文中的例证有，原始著录甲骨编号为"前8.2.1（甲）"，合集中甲骨文编号为"合21800"；同时还有"匽来，……佳方囚"（《甲骨续存》1、529）、"乙巳卜贞，帚奱……"（《殷墟书契前编》6、446）。另外，在甲骨文中还有一个佐证：（一期 前2.18.4），出自《甲骨文字典》第255页，中间部分是"奱"，两侧呈双手呵护状，至今尚未释读。

郾，甲骨文隶定作"奱"，西周加"匚"隶定作"匽"，东周加"邑"隶定作"郾"。《辞海》对郾的解释是："郾，古国名"。出土于北京的西

周早期铜器有铭文（图2-7）："匽（燕）侯令（命）堇饴（颐）大保于宗周。庚申，大保赏堇贝，用乍（作）大子癸宝䵼鼎。仲。"①

图 2-7　堇鼎铭文（拓本）

这是（匽）燕侯命堇于宗周奉养大保召公，因勤勉周到而获召公赏赐。这也是西周在商代晏国故墟封建匽国的一大力证。

（三）早（易）

早（易），早（一期　遗758）、早（一期　合集6460），见《甲骨文字典》第1044页。易，象日初生之形。《说文》中释为："易，开也。从日、一、勿。一曰飞扬。一曰长也。一曰彊者众皃。"对"易"的释义主要有三个方面：一是地名；二是易之君长名；三是部族名。另在《殷墟甲骨文辞类编》第3422页有H08591 ，释文为：已酉卜，方贞鬼方易亡　五月。宾一。

相关的文献例证还有下面这些内容：

《战国策》中曾记载："燕南有滹沱、易水。"又云："赵之攻燕也，渡滹沱，涉易水，不至四五日，而距国都矣。"

《竹书纪年》卷上有记载："十二年，殷侯子亥宾于有易，有易杀而放之。十六年，殷侯微以河伯之师伐有易，杀其君绵臣。"

---

① 冯时：《堇鼎铭文与召公养老》，《考古》2017年第1期。

王国维在《殷卜辞中所见先公先王考·王恒》中分析道："《楚辞·天问》：'昏微遵迹，有狄不宁。'昏微即上甲微，有狄亦即有易也。古狄、易二字同音，故互相通假……其国当在大河之北，或在易水左右。"

郭沫若在《中国史稿》第二编第二章第一节中也分析道："有易氏在有的文献中作有扈，是当时北方的一个强大部落。"

（四）㒼（众）

㒼（众），见《殷墟甲骨文辞类编》第476页：H00006 ☒☒☒☒☒ ☒㒼☒☒☒☒☒田，释文为：癸巳卜方贞令众人甯（快）入絴方壅田。宾三。

《殷墟甲骨文辞类编》第477页还有例证：H31992 □☒丫☒㒼☒……，释文为：丁酉卜令众子……。历二。

此处的"众"可以理解为"众"这个地方，尤其是"众子"不应理解为众儿子，而应理解为"众"地或族的首领（商周官阶分为公、侯、伯、子、男）。

（五）启（启）

启（启），见《殷墟甲骨文辞类编》第6536页：启。释义有：雨止；禀告；人名；方国名或地名。例证如下：H28561 王 ☒ 田 启，释文为：王其田启。何二。此处的"启"即为地名或国名。

（六）㒼

㒼，见《甲骨文字典》第341页：㒼（一期 前5.28.6）。其中解释为："从燕从日"，《说文》对其未有释义，疑为人名。例证如下：己 ☒ 丫……☒ ☒……☒ 㒼，释文为：己卯卜……贞令……归㒼。本文疑为地名。

（七）习（习）

习（习），见《甲骨文字典》第385页：习（三期 粹1550）。其中解释为："从羽从日"，羽即慧字，《说文》认为："'习，数飞也。'有多次重复练习之义。"

（八）🔣

🔣，见《甲骨文字典》第615页：🔣（五期 后上10.16）。字形结构不明，疑为方国名，例证如下：🔣⊙……🔣 二 二 于 🔣 🔣，释文为：🔣伯……自上下于🔣余。

（九）🔣

🔣，见《甲骨文字典》第727页：🔣（一期 乙3299），其中解释为："从日从卩，《说文》所无。"疑为方国名，例证如下：🔣🔣🔣于🔣🔣🔣，释文为：贞亡告于🔣🔣复值。

（十）🔣（曷）

🔣（曷），见《殷墟甲骨文辞类编》第3431页："曷无解，今不知何处。"本书作"曷（葛的初字）"释。例证如下：H32963 🔣 🔣 🔣 🔣 🔣 🔣，释文为：在囧曷🔣王米。历二。

（十一）🔣

🔣，见《甲骨文字典》第728页：🔣（一期 邺3.42.3），其中解释为："从日在口中，所会意不明。"释义为方国名，例证如下：🔣🔣🔣🔣🔣🔣于🔣，释文为：戊申贞王己步于🔣。

（十二）🔣（朝）

🔣（朝），见《甲骨文字典》第730页：🔣（三期 库102）5、🔣（四期 后下3.8）。释义有两个方面，一指日始出之时，与莫（暮）相对，二指地名。例证如下：🔣🔣🔣🔣🔣，释文为：贞旬亡祸在朝。

（十三）🔣（明）

🔣（明），见《甲骨文字典》第731页。可解释为计时名词，指天刚明之时，亦作日明；还可以解释为地名。例证如下：🗚 🗚 🗚 🗚 🗚 🗚，释文为：贞乎雷（籍）于明。

（十四）🗚

🗚，见《甲骨文字典》第762页：🗚（一期 京803）、🗚（一期 库220），并解释为："从卣从日。《说文》所无。"释义不明，本文疑为地名。例证如下：

🗚 🗚 🗚 🗚 🗚 🗚 🗚 🗚 — 🗚，释文为：乙卯卜王贞令西取🗚一月。库220。

🗚 🗚……🗚 🗚 🗚 🗚 🗚 🗚 🗚 🗚 🗚，释文为：乙卯……王贞勿西隹取🗚乎西出目。库220。

（十五）🗚

🗚，见《甲骨文字典》第1151页：🗚（二期 甲2854），并解释为："从良从大，所会意不明。"释义为地名，例证如下：🗚 🗚 🗚……🗚 🗚 🗚……🗚 🗚 🗚，释文为：壬子卜……贞今夕……七月在🗚。

（十六）🗚

🗚，见《甲骨文字典》第1521页：🗚（一期 库1109），所象形不明。可释义为地名，例证如下：🗚 🗚 🗚 🗚，释文为：🗚 叙于🗚。

（十七）🗚（曾）

🗚（曾），见《甲骨文字典》第68页：🗚（一期 后下12.13）。关于"曾"的记载，最早见于殷墟出土的殷商甲骨卜辞《掇续》六二的"左比曾"的铭文，另有"安州六器"中的铭文载："王令中先省南国，串（贯）行，在（曾）"。综合历次考古发现来看，从西周初期到战国中期，跨越700多年的曾侯墓葬群，分布在河南省南阳市和湖北省随州市、襄阳市、荆门市等地区，由此可见历史上曾国所控制的区域。

（十八）㠯

㠯，见《殷墟甲骨文辞类编》第3426页：B10519甲己亥㞢贞三族王其令追召方及于㠯。历二。

（十九）𠂤（良）

𠂤（良），见《殷墟甲骨文辞类编》第3434页：H04954，释文为：贞令良取何。典宾。

（二十）䳑（䳑）

䳑（䳑），见《殷墟甲骨文辞类编》第3434页：H04529于䳑北对，释文为：于䳑北对。无名。

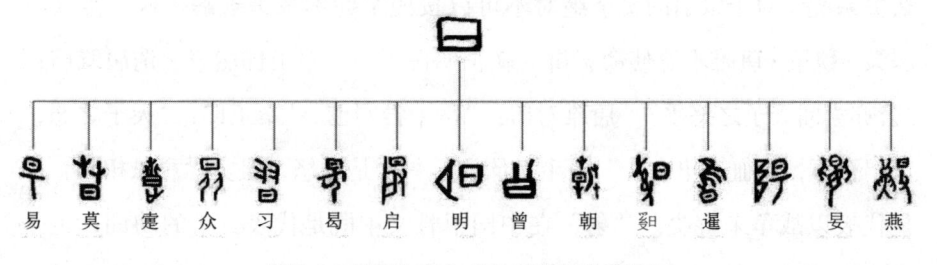

（二十一）𩿩（䳑）

𩿩（䳑），见《殷墟甲骨文辞类编》第3433页：B01248，释文为：贞弓令䳑比龟弗其受（祐）。典宾。

（二十二）毚（毚）

毚（毚），见《甲骨文字典》第452页，"从齒从止，齒所象形不明，且多变形。此字与金文中毚形同，故释毚。"可解释为方国名。例证如下：

………………用，释文为：卜今日……从毚……用。京4473。

综合上述的分析，归纳总结如图2-8和图2-9所示：

图2-8 甲骨文中含 日 基因片段的地名

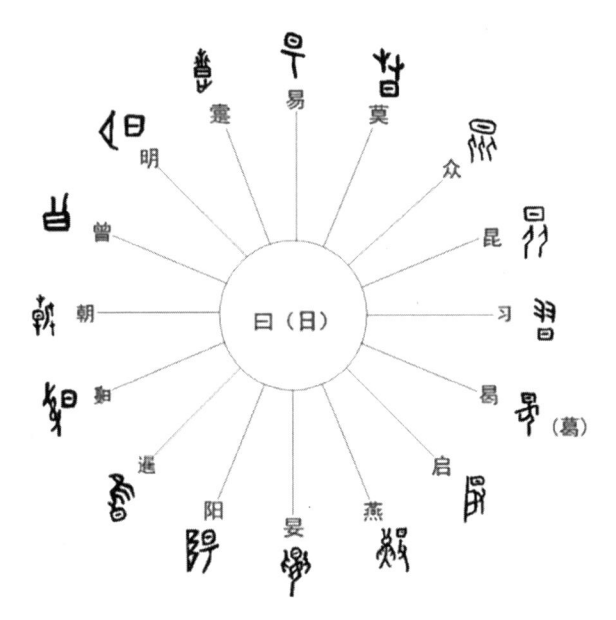

图 2-9　甲骨文中含 ⊟ 基因片段的地名排列变形

含 ⊟ 字部首的古邦国连片存在于中原地区，揭示了商前贾湖人群的发展扩张具有区域性的特质，且具有极强的适应性和灵活性。

当看到上图方国和地区的罗列，可以这样解释后羿射日：后羿部族消灭了九个含 ⊟ 字部首的古国部落。因为国度不同，历法不同，农误其时，粮食不收，羿灭九剩一，以统日历（或方国）。

《中庸》之诗曰："在彼无恶，在此无射。庶几凤夜，以永终誉。"这句话的意思是说："在那里没有人憎恶，在这里没有人厌烦，日日夜夜操劳啊，为了保持美好的名望。"这里的"射"作厌恶讲。厌恶与灭国有什么关系呢？对于以前的文字绝对不可以按照字面本意去理解。这一点《战国策·魏策·唐雎不辱使命》讲的就很明白了，"秦王怫然怒，谓唐雎曰：'公亦尝闻天子之怒乎？'唐雎对曰：'臣未尝闻也。'秦王曰：'天子之怒，伏尸百万，流血千里。'"一个是厌恶，一个是发怒，但实际意思相同，都是代表以战争来解决。"射"在中国甲骨文中既是代表打猎的动词，也是代表战争的动词。《殷商甲骨文研究》第280页中表示"战争"的动词主要有"戕、伐、射、肇"。从商前后羿时期到《淮南子》将近2000年的时间，比起商末到孔子的时间要久远得多，孔子尚没有考证出甲骨文，淮南子更不可能得到商前的详实历史了。所以，后羿射日的传说只能是射太阳。

一般的情况来讲，这些含 ⊟ 字部首的国家开始基本是连接在一起的，正是由于外来势力的冲击，才有了现在看到的莫（㠯.方国）在河北、曾（㠯.方国）在湖北这种支离破碎的状态。

二、含 ⌒ 符号的古国和地方名称

下图为贾湖遗址中出土的带有 ⌒ 符号的龟甲（图 2-10、图 2-11）：

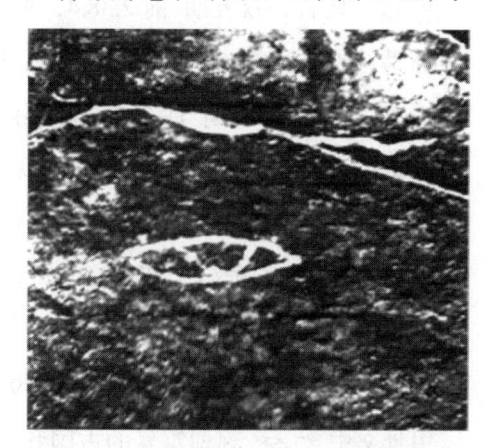

图 2-10　贾湖遗址含 ⌒ 刻符的龟甲　　图 2-11　贾湖遗址含 ⌒ 刻符的龟甲局部放大

在贾湖人群向外扩张的历史中，以 ⌒ 为氏族符号的人群，也如以 ⊟ 为氏族符号人群一样，逐渐和其符号的氏族相融合，形成了具有 ⌒ 基因片段的新氏族符号，氏族融合并发展出一些不同的古国。

在甲骨文中含 ⌒ 的古国名和地名颇多，以下内容依据《甲骨文字典》进行整理：

① 㠯（曼），地名或方国名。㠯拾 8.5，见《甲骨文字典》第 285 页，商代曼国在今河北省石家庄市鹿泉区境内。

② 𤔔，疑为方国名。𤔔一期 乙 7299，见《甲骨文字典》第 323 页。

③ 𠃓（目），方国名。𠃓合 302，见《甲骨文字典》第 362 页。

④ 🦅（省），人名或方国名。🦅宁 1.507，见《甲骨文字典》第 363 页。

⑤ 🦅（相），方国名。🦅一期 卜 496，见《甲骨文字典》第 364 页。

⑥ 🦅（朕），方国名。🦅宁 3.73，见《甲骨文字典》第 365 页。

⑦ 🦅（瞑），疑为地名。🦅一期 后下 24.6，见《甲骨文字典》第 365 页。

⑧ 🦅，国族名。🦅一期 前 5.21.3，见《甲骨文字典》第 367 页。

⑨ 🦅（盯），地名。🦅一期 甲 2364，见《甲骨文字典》第 367 页。

⑩ 🦅，方国名。🦅前 5.34.1，见《甲骨文字典》第 369 页。

⑪ 🦅，地名。🦅三期 佚 277，见《甲骨文字典》第 370 页。

⑫ 🦅，地名。🦅五期 前 2.38.4，见《甲骨文字典》第 370 页。

⑬ 🦅，地名。🦅二期 文 709，见《甲骨文字典》第 371 页。

⑭ 🦅，地名。🦅三期 佚 213，见《甲骨文字典》第 371 页。

⑮ 🦅，地名。🦅一期 乙 8152，见《甲骨文字典》第 372 页。

⑯ 🦅（眉），地名。🦅乙 7456，见《甲骨文字典》第 375 页。

⑰ 🦅（见），方国名。🦅续 6.9.6，见《甲骨文字典》第 978 页。

⑱ 🦅，地名。🦅五期 佚 937，见《甲骨文字典》第 980 页。

⑲ 🦅（蜀），方国名。🦅一期 合集 9775，见《甲骨文字典》第 1424 页。

甲骨文中含 🦅 刻划符号的古国和古地如今大多无法考证其具体位置，但是作为国名或者地名在甲骨文中曾多次出现。

第四节　贾湖文化为何可以大范围传播

一种文化能够得到大范围传播，必定有其先进的地方，才能逃脱了天灾、瘟疫、战争的毁灭。贾湖文化之所以能够进行大范围的传播，大致有以下几方面的原因。

一、贾湖文化的先进性

（一）贾湖文化有我国迄今发现年代最早的乐器——骨笛

贾湖遗址出土了我国迄今发现年代最早的乐器——骨笛，经研究发现，其已具备了四声、五声、六声、七声音阶，在我国乃至世界音乐史上都有重要的历史地位。

（二）贾湖文化使用了具有原始文字性质的刻划符号

贾湖遗址出土的刻在龟甲、骨器、石器、陶器上的刻划符号表明，在距今9000—8000年的贾湖文化时期已出现了原始文字性质的符号。贾湖遗址中共发现刻划符号17种，其中龟甲上刻符9种，骨器上刻符5种，陶器上刻符3种，均是契刻而成。这些契刻符号为研究我国文字的起源提供了重要资料。

（三）贾湖人已掌握原始的酿酒技术

经中国科技大学和美国宾夕法尼亚大学对贾湖出土的陶器进行研究分析，贾湖人已掌握原始的酿酒技术，这对研究世界酒文化史具有重大意义。

（四）制作工艺先进，工艺品丰富

1. 陶制品

陶制品以红陶为主，有泥质陶、夹砂陶、夹炭陶、夹蚌陶、夹云母陶等。按功能分类主要有炊器（釜、鼎、甑），食器（钵、三足钵、碗），盛器（缸、双耳壶、罐、盆），渔猎生产工具（弹丸、网坠、陶锉、纺轮）等。

2. 石器制品

石器制品包括各种生产工具、生活用具，如舌形石铲、齿刃石镰、石斧、石刀、石凿、石磨盘、石磨棒、石杵、石矛等。

3. 装饰品

装饰品包括石环、柄形饰、管形石饰、方形坠饰、三角形坠饰、圆形穿孔饰、梭形饰、穿孔石器等。这些装饰品大多打磨精致、石质美；坠饰多为绿松石，有的质如粗玉；多有穿孔，有的为横孔。

4. 骨角牙制品

骨角牙制品包括狩猎、捕捞、纺织、缝纫、生活及宗教用品等，主要有骨镞、骨镖、骨矛、骨凿、骨匕、骨锥、角锥、牙锥、骨针、骨刀、牙削、骨环、叉形器、骨笛等（图2-12～图2-14）。

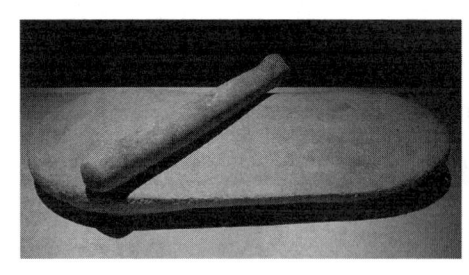

图2-12 贾湖出土石磨棒　　图2-13 贾湖出土石镰

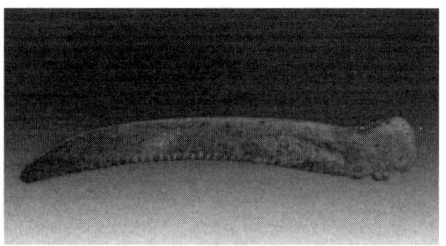

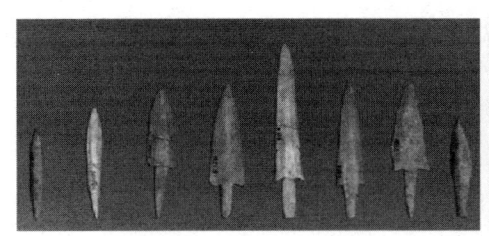

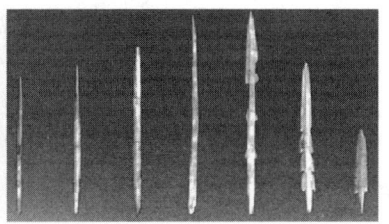

图 2-14　贾湖出土骨镞

（五）遗址住户已经普遍养狗，预警功能显著

贾湖遗址的狗比同时期常见的狗大。遗址内的狗基本上是完整地被埋葬，而且这种埋狗现象多次出现。除2001年贾湖遗址第七次发掘SKⅡ出有1具狗骨外，前六次发掘中已发现有11具。前六次发掘的报告中提到："10具是单独挖坑掩埋，1具置于灰坑中。10具单独掩埋的狗中，有6具是在墓地之中或其边缘地带，4具在居住区之中"。养狗现象的存在，表明了贾湖人群比其他氏族具有更强的防御野兽、敌人进攻的能力（图2-15）。

图 2-15　贾湖遗址出土的狗的尸骨

二、贾湖文化得以传播的其他原因

贾湖文化得以传播的其他原因还有这几点：第一，贾湖先民食物丰富、充足，保存时间久；第二，贾湖人身材高大，寿命较长，生存知识得以积累、传授；第三，贾湖先民势力范围大，人员较多，有利于经验交流、传播；第四，贾湖遗址是逐渐衰退消亡的，贾湖先民有机会远走他乡。正是以

上各种原因交织在一起，使得贾湖文化没有像其他原始文化那样中断、消失，而是绵延传承。

甲骨文中含⊟、⌒的方国名和地名数量巨大，由此可以推测出以⊟、⌒为氏族符号的人群数量及活动范围，甚至可以大胆揣测贾湖人群在距今8500—3200年，系统地参与了商前文字的创造与传承。

第三章　荷花山遗址 田 标识氏族延续及发展

第一节　田 字符考古实物发现

一、田 字符考古实物遗址

（一）荷花山遗址

荷花山遗址位于浙江龙游县湖镇镇邵家自然村（119.2590847°E，29.0407803°N），遗址距今 9000—8000 年。早期遗存内涵丰富，大口盆、平底盘、圈足盘、双耳罐、石磨盘、石磨棒、石片石器既具有上山文化特征，又具有自身的地域风格，是浙西地区迄今发现的年代最早的新石器时代遗址。

在遗址生土层中发现有野生性状特征的水稻扇型和水稻双峰型植硅体，该遗址所在地既生长有野生稻也有人工驯化的水稻。这一事实表明全新世早期人类活动以前，荷花山人群已逐渐学会了采集、储存野生稻，并有意无意地尝试了栽培。这就是说，上山文化时期应是水稻栽培和驯化的早期阶段。荷花山遗址出土的带有 田 刻符的陶片如图 3-1 所示。

图 3-1　浙江荷花山刻符陶片

（二）湖北宜昌杨家湾遗址

湖北宜昌杨家湾遗址位于湖北省宜昌市三斗坪镇杨家湾村。距今6400—5300年，属于大溪文化关庙山类型，面积约6000平方米。出土遗物以陶器和石器为主，其陶器上带有许多刻划符号，其中带有 田 刻符的如图3-2所示，约相当于大溪文化第一至三期。

图3-2　湖北宜昌夷陵杨家湾刻符陶片

（三）上海马桥遗址

上海市区西南的闵行区马桥镇良渚文化层出土的陶片、陶缸以及陶盘、陶豆和陶杯的底部，曾发现6种刻划符号，其年代为公元前2600—前2150年（图3-3）。

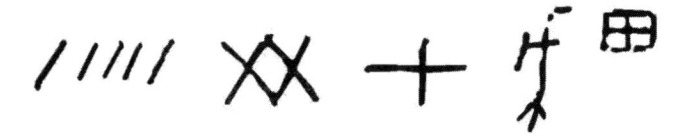

图3-3　良渚文化马桥陶片刻符

考古界认为，马桥文化可能是起源于良渚文化而接受了南方印纹陶和中原地区文化影响的文化遗存。

（四）青海乐都柳湾遗址

青海乐都柳湾遗址位于青海省海东市乐都区，年代为公元前2500—前1100年。

柳湾墓地是目前中国已知的规模最大、保存较为完整的原始社会晚期氏族公共墓地，总面积约 11 万平方米。共发掘出各种文化类型墓葬 1700 余座，包括大批贫富分化墓、夫妻合葬墓和殉人墓等。这些墓葬分属于马家窑文化半山类型、马厂类型、齐家文化和辛店文化。出土文物近 4 万件，包括陶器、石器、骨器、装饰品等，反映出当时农业、手工业的发展以及制陶技术已达到一定水平。

墓地延续时间很长，从马家窑文化半山类型至齐家文化，历时 600 年以上。加上辛店文化时期有 1000 多年之久。墓葬数量多，出土遗物丰富，为研究甘青地区各原始文化的内涵、序列及其相互关系，当时的社会形态、经济生活与埋葬习俗等问题都提供了大量的实物资料（图 3-4）。

图 3-4　马家窑文化陶器符号[①]

二、田 字符实物考古的发现

全国范围内含 田 刻符的考古实物整理如下。

荷花山遗址：浙江龙游县，距今 9000—8000 年。

宜昌杨家湾遗址：湖北省宜昌市三斗坪镇杨家湾村，距今 6400—5300 年。

马桥遗址：上海马桥镇，距今 4600—4150 年。

柳湾遗址：青海乐都区，距今 4500—3100 年。

---

① 1—10 号陶器符号为甘肃半山出土陶器符号，源于《中国古生物志》丁种第 3 号第 1 册，第 178—179 页。11—88 陶器符号为青海乐都柳湾出土陶器符号，源于《青海柳湾》，第 161—162 页。

殷墟甲骨：河南安阳，距今3200年左右。

从 田 字符的非连片分布态势来看，相关氏族应存在着迁徙，甚至是远距离的迁徙。从距今3500年左右江南良渚遗址中的稻花花粉迅速减少的情况来看，良渚人群大规模北上很可能是史实。具体原因如下：

首先，荷花山遗址隶属于上山文化遗址群，上山文化是跨湖桥文化的直接源头。在已发现遗址中，有4处存在跨湖桥文化直接叠压在上山文化之上的地层现象，包括上山遗址、小黄山遗址、桥头遗址、青碓遗址。荷花山遗址发掘区虽没有发现直接叠压关系，但在西区的跨湖桥文化遗存中混杂有上山文化晚期的陶片，推测这样的叠压关系在遗址中也存在。因此，在相对年代上，上山文化与跨湖桥文化存在着相衔接的关系。①

其次，跨湖桥文化受其他文化影响。尽管跨湖桥文化继承了上山文化，但也受到了其他考古学文化的影响。从目前的发现来看，最具有比较价值的是长江中游与淮河上游的遗址，如彭头山遗址、城背溪遗址、皂市下层遗址、贾湖遗址等。在跨湖桥遗址发现的文化因素倾向于指向洞庭湖流域的皂市下层，现在可以说，两地的文化联系是"长时段"的，在上山文化时期，两个地区的交流就已经开始了。概要地说，先是钱塘江地区的夹炭陶文化因素影响到洞庭湖地区，后是洞庭湖地区的绳纹文化因素影响到钱塘江地区。

公元前7000年末期，长江下游在上山文化的基础上接受长江中游彭头山文化的影响发展成跨湖桥文化；公元前6000年初期，处于兴盛期的跨湖桥文化又反向影响长江中游，促成彭头山文化向皂市下层文化的转变，通过交流融合，此后长江中下游地区文化大同小异，总体构成一个新的以釜、圈足盘、豆为主要特征的文化系统，或可称为"长江中下游文化系统"。②此外，高庙文化继承了彭头山文化的更多成分，并颇具创新性，所见跨湖桥文化因素较少，可能只是通过皂市下层文化间接传播而来。

---

① 蒋乐平：《钱塘江流域的早期新石器时代及文化谱系研究》，《东南文化》2013年第6期。
② 韩建业：《试论跨湖桥文化的来源和对外影响——兼论新石器时代中期长江中下游地区间的文化交流》，《东南文化》2010年第6期。

峡江口以下的宜都至宜昌一带，分布着以宜都城背溪早期遗存为代表的城背溪文化，又可以分成以城背溪南区下层为代表的早期和以宜都金子山、青龙山遗存为代表的晚期。城背溪遗址中的束颈圜底釜或罐、圜底钵或盆等主体器类，以及个别有特色的小口耸肩扁壶等，都和宜都枝城北类彭头山文化一脉相承。但较多圈足盘，以及双耳、折沿、折腹等特征的出现，则体现出与跨湖桥文化的联系。城背溪遗址的碳14测年校正数据为公元前5619—前5477年，大约代表早期的绝对年代。这些属于跨湖桥文化的因素虽然不多，但很接近皂市下层文化，推测可能同样从后者间接传播而来。①在两地文化频繁交流的同时；田字符随同陶器从荷花山地区的上山文化圈走向江汉平原地区的文化圈。

　　综上所述，从荷花山遗址到上海马桥遗址和到宜昌秭归柳林溪遗址都极大存在传播的可能，而且在距今7000—6000年便已经完成。从环杭州湾地区到宜昌地区之间分布着崇山峻岭，7000年前古人完成的这项任务是一种什么样的场景？步行自然是存在着极大的困难，最可行的方式是乘坐小船。他们在离开家乡的时候，从家里拿出食物和其他物件给自己的亲人。7000年前，普通人家里一般也就是有食物、石器、陶器。食物自然是逐渐被消耗掉的，最终石器和陶器成为远离家乡的人们对于故土思念的寄托，这些石器和陶器往往是刻有区别于其他氏族的符号。即使他们到达了一个新的地方，重新烧制新的陶器，也会把故土陶器的形状以及上面的符号复刻下来，这也是为什么陶器符号可以作为氏族符号一代代流传。到达江汉地区的人群与当地土著融合、发展，形成了在当时最为强大和充满活力的氏族人群——江汉人群。此后，江汉地区的氏族开始向外发展扩张。

---

① 韩建业：《试论跨湖桥文化的来源和对外影响——兼论新石器时代中期长江中下游地区间的文化交流》，《东南文化》2010年第6期。

第二节　含 田 基因片段发展成为的国家和地区

甲骨文中含 田 的方国名与地名列举如下：

甲（鬼），方国名，见《甲骨文字典》第 1021 页：甲（一期 乙 6684）、𩇕（一期 合集 14292）。鬼方是商周时期在我国西北方的部落，其活动载于《汲冢周书》《易经》《山海经》《古本竹书纪年》《史记·殷本纪》和出土的小盂鼎及商周甲骨卜辞中。多次发生讨伐鬼方的大规模战争被记录在甲骨卜辞中。

𩰀（曾），地名或方国名，见《甲骨文字典》第 68 页：𩰀（一期 前 6.54.1）、𩰀（三期 京 4895）。曾国的古城遗址在今湖北省随州市曾都区，该国名称起源的历史较为久远。关于"曾"的记载，最早见于殷墟出土的殷商甲骨卜辞《缀续》六二的"左比曾"的铭文。

田（周），方国名，与姬周有别，见《甲骨文字典》第 94 页：田（一期 乙 3408）。

畀（畁），方国名，见《甲骨文字典》第 237 页：畀（后下 19.3）。

𤰔，地名，见《甲骨文字典》第 1444 页：𤰔（一期 遗 575）。

畯（畯），方国名，见《甲骨文字典》第 1468 页：畯（遗 458）。

黄（黄），地名，见《甲骨文字典》第 1476 页：黄（续 5.9.2）。黄国古城位于河南省潢川县境内，遗址至今保存完好。仅在今潢川、光山等当年黄国疆域内出土的黄国青铜器就有 800 余件，其中有铭文的有 38 件；黄太子伯克盘、黄父盘、黄君簋、叔单鼎 4 件青铜器，均出土于潢川，被郭沫若收录入其所著的《两周金文辞大系图录考释》中。

甾，方国名，见《甲骨文字典》第 1473 页：甾（一期 佚 97）。

✦,地名,见《甲骨文字典》第1470页:✦（五期 前2.8.7）。

田,地名,见《甲骨文字典》第1474页:田（一期 库492）。

含 田 符号氏族所在的国家和地区,不是以圆心辐射状发展,而是以带状发展。源自荷花山地区的 田 刻符是逐步向西北方向传递和发展的,这一现象反映出了长江下游地区与长江中游地区在古代有过频繁的文化交流。包括含 田 符号氏族在江汉地区融入了当地力量后,其势力迅速发展壮大,并一路向北大纵深前进。因此,田 这一"基因片段"成为夏前时期中原西部地区最为明显的外来势力"基因片段"。

第四章　陶寺遗址 夂 标识氏族延续及发展

第一节　陶寺遗址及刻划符号简介

陶寺遗址是中国黄河中游地区以龙山文化陶寺类型为主的遗址，遗址位于山西省襄汾县陶寺村南（115.5103149°E，35.9078292°N），东西约2000米，南北约1500米，面积为280万平方米，绝对年代为公元前2300—前1900年之间。陶寺遗址中发现了规模空前的城址、与之相匹配的王墓、世界最早的观象台、气势恢宏的宫殿、独立的仓储区、官方管理下的手工业区等，是中原地区龙山文化遗址中规模最大的。

陶寺遗址城市规模仅次于浙江良渚古城和陕西神木石峁遗址。根据发掘的成果来看，陶寺社会贫富分化悬殊，少数贵族大量聚敛财富，形成特权阶层，走到了邦国时代的边缘和方国时代。

人们一般将国家的形成作为文明阶段的标志。对于国家的形成标志，一些学者提出其标志应当包括文字、城市、大型礼仪性建筑以及青铜器等。而在分析陶寺遗存之后，人们发现文明因素在陶寺遗址中都可以找到原型。而且中国古代的巫文化崇拜、祖先崇拜以及礼乐典章制度也可在陶寺文化中发现雏形。

中国社会科学院考古研究所所长王巍认为，山西省临汾市襄汾县陶寺遗址就是尧的都城，是最早的"中国"；没有哪一个遗址能够像陶寺遗址这样全面拥有文明起源形成的要素和标志，陶寺遗址已经进入文明阶段。

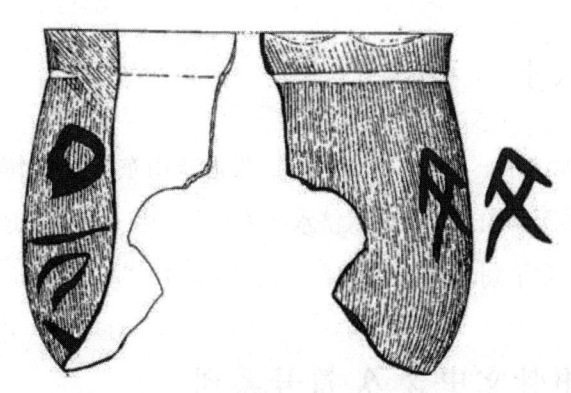

陶寺遗址对复原中国新石器时代晚期的社会性质、国家产生的历史及探索夏文化，都具有重要的学术价值。考古学家在陶寺遗址中发现一片扁壶残片，残片断茬周围涂有红色，残片上朱书两个文字，其中的一个字符为🞧字。其字符与后来的甲骨、金文中常见字"文"极其相似。此外，在早期语言中，陶语表达尤其简练，可能是当时文字应用可能还十分有限的缘故，根据"文"字的字形来看，显然与甲骨文有着一脉相承的情况。而对于陶语中"尧"的释解，仍有待有关文字研究的进一步发现。但依据其字形，比较倾向于"易"说。"易"应通"阳"，与"文"合成为"文阳"二字，应当指器物生产之地，即为古尧时期的都城。① 陶寺遗址扁壶上的朱文应当在先秦尧舜以及三代早期，大大超出了人们关于我国最早的文字是殷商甲骨文字的认知（图4-1）。

图 4-1　陶寺扁壶朱文摹画

陶寺遗址晚期出现了极为严重的暴力现象。古城被攻破，统治人群被杀死，但是特色文化还是传承了下来，在陶寺遗址周围地区有相当一部分古国和地方名称含有🞧字符的基因片段。

---

① 何驽：《陶寺遗址扁壶朱书"文字"新探》，《三代考古》2004年第1期。

第二节 以 夂 为标识的氏族留下的地名

一、文水县

文水县位于山西省中部，太原盆地西缘，西倚吕梁山，东临汾河水。新石器时代，先民就在这里定居、生息、繁衍。春秋时期，文水县为晋宗室祁氏之田；战国为大陵；西汉设大陵县，别置平陶县；北魏废大陵县置受阳县、平陶县，后徙往今平遥。

二、汶水

汶水今大汶水，又称"大汶河"，发源于山东省淄博市沂源县境内，古代本经东平县至梁山东南，流入济水。《尚书》中《书·禹贡》一文曾提到："今主流西注东平湖，北入黄河浮于汶，达于济。"

三、甲骨文中含 夂 符号系列

（一）洛

北洛河，也称"洛河"，古称"洛水"，为黄河二级、渭河一级支流，全长 680.3 千米，为陕西长度最大的河流。它发源于陕西省白于山南麓的草梁山，由西北向东南注入渭河，途经黄土高原和关中平原两大地形单元。河源分三支：西支为石涝川，中支为水泉沟，东支为乱石头川；在吴旗汇流后称为"北洛河"。河流自西北向东南，流经志丹、甘泉、富县、洛川、黄陵、宜君、澄城、白水、蒲城、大荔，至三河口入渭河，流域面积为26905平方千米。

南洛河是黄河下游南岸大支流，发源于陕西省华山南麓洛南县洛源镇的黑章台，向东流入河南境，经卢氏县、洛宁县、宜阳县、洛阳市到顾县镇杨村附近纳伊河（后称伊洛河）。南洛河在巩义市洛口以北入黄河，全长467千米，流域面积为18881平方千米。洛阳城在南洛河的岸边。

（二）骆国

骆国古城的位置在今陕西周至县城西南约15千米处的骆峪水库西侧。

（三）潞子国

商代武丁以后，商王朝与西北部的鬼方、土方、昌方等邦国的战争时有发生，这些邦国都分布在山西的南部，鬼方的一支叫西落鬼戎，活动在今潞城一带，遭到过季历的征伐。《竹书纪年》载："武乙三十五年，周王季伐西落鬼戎。"周襄王二十三年（公元前629年），居住在山西黎城一带的赤狄民族在此地建立了子爵小国，史称"潞国"。周定王十三年（公元前594年），潞国被晋国所灭。

含 𐤀 基因片段的氏族活动范围小，证明其没有广泛的人口基础，主要聚集在晋、陕、豫三省交会地区。今四川、山东地区亦有含 𐤀 基因片段的地名。

第五章　双墩遗址 ⚲、⑧ 标识氏族延续及发展

第一节　双墩遗址介绍

双墩遗址位于安徽省蚌埠市淮上区双墩村北（117.3315682°E，32.9911326°N），距今约 7000 年，遗址保存范围为南北长 180 米左右，东西宽 140 米左右，面积约为 25200 平方米。双墩遗址出土了大量的陶器、石器、骨角器、蚌器、红烧土块建筑遗存、动物骨骼以及螺蚌壳等，种类繁多，其中包括 600 余件带有刻划符号的陶器。

双墩遗址的出土遗物均集中在遗址东南部的一条较大的凹沟中，这条凹沟由西北向东南延伸，东西宽 40 多米，深度在 2.5 米以上。文化层为斜坡状堆积，每个地层形成的时间似乎较短，层与层之间的界限比较明显。

双墩遗址共有 5 个碳 14 数据，年代跨度在公元前 6000—前 3500 年，曾被称为"双墩文化"或"双墩类型"（图 5-1）。双墩遗址出土的刻划符号对早期汉字的发现与研究极具价值。这些符号分别刻划在陶碗、陶钵和喇叭形高圈足内侧。这类刻划符号在定远侯家寨遗址也有发现，表明它们是一定地域范围氏族群落之间表达特定含义的记录符号。①

---

① 安徽省文物考古研究所：《文物研究》（第五辑），黄山书社，1989，第 254—255 页。

图 5-1　双墩刻符

第二节　双墩刻划符号与贾湖刻划符号的比较

　　双墩遗址与贾湖遗址都位于淮河流域，原始社会时期，从上游地区乘船或木排漂流到下游地区是人们借助自然的力量通行的最方便快捷的一种方法，这不但比靠两条腿长途跋涉快，而且更加安全。

　　淮河在古时是一条容易发生洪灾的河流，至于河道下游的"龙摆尾"现象更是屡见不鲜。水来了，这里就变为滩地；水退了，这里就变为陆地。这种地方以沼泽地见多。所以，在今京广线以东地区，湖泊河流众多，常被称为"大泽"。从贾湖地区乘船顺流而下，可到达蚌埠地区，在 7000 年前古人就已经完成这一创举。两地刻符相似或相同，对比如图 5-2 所示：

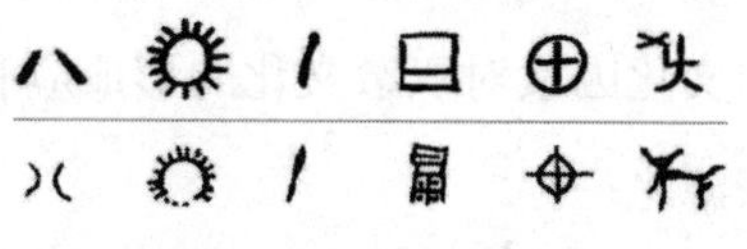

图 5-2　贾湖刻符（上）与双墩刻符（下）的比较

　　目前为止，贾湖刻符总共发现了 17 个，而与双墩刻符相同或相似的就有 5 个。安徽定远县侯家寨遗址中也发现了这种刻符。

江淮东部的原始文化应源于淮河上游的裴李岗文化贾湖类型。江淮东部发达的骨角器更是与贾湖类型相似，并且两种文化类型中都发现有一种特殊的权形骨角器。裴李岗文化贾湖类型的年代距今8000—7000年，而江淮东部的原始文化出现在距今7000年左右，两者在时间上相衔接。对贾湖遗址动物群和植被的研究表明，淮河上游为疏林草原和湖沼景观，与距今7000年后江淮东部的自然景观和地理环境完全相同。因此有理由认为，江淮东部的原始文化源于淮河上游的贾湖类型文化，至少贾湖类型的一支沿淮河迁徙到了江淮东部。上述分析结果与我们对贾湖遗址材料的分析结果是一致的。①

距今7000年前后的双墩文化地处淮河中游，在其发展过程中，可能受到贾湖文化很大的影响。双墩陶器都有一定比例的夹蚌、夹骨屑、夹云母、夹炭的褐陶，这些陶器都存在外红内黑现象，都使用窑外渗碳工艺。双墩与贾湖都存在大量施红色陶衣的器物，双墩还有少量在器物口部施红彩带的现象，同时，两者在少数戳刺纹、篦点纹、刻划纹、附加堆纹方面也相似。贾湖与双墩的陶器制作方法相同，都有泥饼贴接法。在器形上，贾湖文化的深腹平底罐与双墩文化的大口深腹平底罐形釜的形制存在相似之处。贾湖的少数长圆柱形鼎足与双墩的圆锥形足也极为相似。双墩的带錾钵形釜在贾湖也有相似器形，贾湖折沿小平底盆和敛口盆的形制似与双墩的钵形釜有一定的相似性，贾湖的圆柱形足罐形鼎、折沿盆、矮圈足豆、折沿大碗、矮圆柱形支脚、垂球形器、纺轮等，在双墩有相同或类似的器物。贾湖垂球上的"十"字形刻划符号和陶罐上的太阳刻划符号在双墩有相同的符号。贾湖与双墩均发现紫红色粉砂岩和赤铁矿颜料石，双墩陶锉与贾湖陶锉基本相同。

双墩红烧土上的稻谷印痕表明该地也有稻作种植，生业形式与贾湖相同。由此可见，贾湖的文化因素对双墩文化的形成应有一定的影响，构成了双墩文化因素重要的来源之一。②

---

① 河南省文物考古研究院、中国科学技术大学科技史与科技考古系：《舞阳贾湖.2》，科学出版社，2015年，第573页。
② 河南省文物考古研究院、中国科学技术大学科技史与科技考古系：《舞阳贾湖.2》，科学出版社，2015，第573页。

第三节 双墩遗址的商业形式

"双墩刻划符号是一套成熟的形、意结合的记事符号。陶工们运用象形和抽象的艺术手法将双墩人的历史以不同的单体、重体和组合体符号的形式刻划在陶器上,绝大多数符号刻划在碗的外地圈足内,少数刻划在碗的腹部、豆座圈足内以及坠底部等隐蔽部位。"[①]

专家们认为,这一特征在晚于双墩符号的长江流域的柳林溪和杨家湾遗址中有所反映,另外太湖流域的良渚文化中也出现少数符号刻在陶器隐蔽部位的情况。"[②]

陶器比较集中的地区,如双墩(安徽)、柳林溪(湖北)、柳湾(青海)、齐家(甘、青)遗址中,有相当数量的符号在陶器烧制之前就已经刻划在陶器腹部、豆座圈足内、坠底部等隐蔽部位,对这些陶器进行分析,可以总结出以下内容:

首先,双墩遗址周边的商品交流(至少是物物交换)较为普遍。

其次,这一时期的生产力已经得到长足的发展,工匠只生产一种或几种商品。当时陶器的烧制技术被掌握在少数工匠手中。

最后,陶器的烧制已经出现批量生产,陶窑已经出现。准备销售给不同氏族的陶器可能放在同一窑中烧制,陶器烧制的成功率不可能是100%,哪个氏族能先拿取够本氏族预定数量陶器成品成为窑主的难题。为了区分不同氏族,工匠有意识地在入窑前,在陶胚上刻划不同符号以作区分。在开窑

---

① 安徽省文物考古研究所、蚌埠市博物馆:《蚌埠双墩——新石器时代遗址发掘报告》,科技出版社,2008,第184页。

② 安徽省文物考古研究所、蚌埠市博物馆:《蚌埠双墩——新石器时代遗址发掘报告》,科技出版社,2008,第474页。

之后，按照所做记号拿取不同氏族的陶器。

　　双墩遗址的出土陶器主要为当时居住在台地的双墩先民倾倒的废弃物，有数以万计的陶片、石块、蚌器和骨角器。7000年前为什么会有数以万计的陶片被废弃堆积于此处呢？这是因为我国匠人自古就有精益求精的匠人精神，当时的匠人对于不满意的陶器次品，干脆打碎了扔到土沟里去。7000年后的今天，陶瓷匠人依然保留了这一习惯。工匠对于出窑不满意的瓷器直接打碎扔掉，坚决不让其流向市场。

　　在7000年前，这些交换而来的陶器成品对于一个家庭来说，相当于我们现在家里的彩电、空调、小汽车。那时的人虽然已经知道了装饰的美，但器物的实用性还是第一重要的。既然实用美观，那就一代代传下去。从双墩时期开始到殷商时期，这几千年的时间里，氏族、家庭逐渐发展，而发展壮大之后，难免要分家。在盛世，他们进行文化输出，而遇见灾荒战乱，逃荒迁徙在所难免。分家也罢，逃荒也罢，亲人总要给几件值钱的东西，那时不像现如今有金银首饰、钱币股票，当时所谓值钱的东西，如陶器可以盛水和食物，棍子和石器可以防身。当离开了家人和故土，那里的一草一木、一土一石都是珍贵的，对于亲人所送的陶器，更是要保存下来，所以，当时用于区分氏族或者批次的符号，往往成为新的家庭或者氏族的固定符号。随着陶器的传承，这些刻符也幸运地保存了下来。

第四节　双墩刻划符号 ~、⑧ 标识氏族的传承

一、双墩刻符 ~、鹳鱼石斧图、甲骨文的比较

鹳鱼石斧图彩陶缸，1978年出土于河南省临汝县（今汝州市）阎村，是新石器时代前期的葬具。其为红陶砂质，高47厘米，口径32.7厘米，底径19.5厘米。器腹外壁的一侧就是著名的鹳鱼石斧图，图高37厘米，宽44厘米，约占缸体表面积的一半，画面真实生动、色彩和谐、古朴优美，极富意境，是迄今中国发现最早、面积最大的一幅陶画，如图5-3至图5-5所示。

图5-3　鹳鱼石斧图彩陶缸　　　图5-4　双墩遗址鱼形刻符　　　图5-5　甲骨文"鱼"

经专家用碳14测定，它是原始社会仰韶文化时期的产物，距今已有6000年左右的历史，现收藏于中国国家博物馆。2002年，鹳鱼石斧彩陶被国务院确定为64件不可出国（境）展出的珍贵文物之首。它用白色在夹砂红陶的缸外壁绘出鹳、鱼、石斧，以粗重结实的黑线勾出鹳的眼睛、鱼身和石斧的结构。左绘有鹳鸟一只，昂首挺立，六趾抓地，二目圆睁，口含一条大鱼；右绘一把石斧，斧头捆绑在竖立的木棒上端。作者为表现鹳的轻柔白羽，把鹳身整个涂抹成白色，犹如后代中国画的"没骨"画法；石斧和鱼的外形则采用"勾线"画法，用简练、流畅的粗线勾勒出轮廓；斧、鱼身中填

充色彩，犹如后代中国画的"填色"画法。由于这幅画具备了中国画的一些基本画法，有的学者认为它是中国画的雏形。含 ⌇ 基因片段的衍生古国（地）名，如鲁国的鲁、蓟州的蓟，当中都含有 ⌇ 字符。

二、双墩刻符 ȣ 符与甲骨文的比较

双墩刻符中还有另外一个 ȣ 符号的造型。下图是其与甲骨文"丝"字源的比较（图 5-6 和图 5-7）。

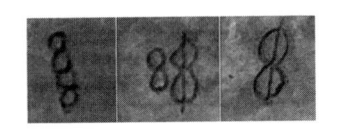

图 5-6　双墩符号　　　　　**图 5-7　甲骨文**

甲骨文中含 ȣ 符号的古国（地）名主要有以下内容：

☗（羌、絴），方国名，见《甲骨文字典》第 416 页：☗（三期　粹 151）。殷商西北部游牧民族建立的方国，与羌接近。

ȣ❋（繽），疑为地名，见《甲骨文字典》第 1417 页：ȣ❋（铁 88.4）。

☗（奚），地名，见《甲骨文字典》第 1178 页：☗（前 2.42.3）。

☗（盥），疑为地名，见《甲骨文字典》第 544 页：☗（一期　后下 40.16）。

☗（系），方国名，见《甲骨文字典》第 1406 页：☗（前 7.7.2）。

☗（绍），地名，见《甲骨文字典》第 1411 页：☗（前 1.24.3）。

☗，地名，见《甲骨文字典》第 1419 页：☗（前 2.8.2）。

☗（乐），地名，见《甲骨文字典》第 650 页：☗（五期　合集 36501）。

含 ȣ 符号地名和古国今大多不知确切位置。甲骨文中有以上 8 处古地名，说明 ȣ 符号在商前曾经广为盛行。

第六章　大汶口文化陵阳河遗址标识氏族延续及发展

第一节　大汶口文化及其痕迹

一、大汶口文化

大汶口文化因山东省泰安市岱岳区大汶口镇大汶口遗址而得名，距今6500—4500年。根据地层叠压关系和遗物特征，可以将其分为早、中、晚3期。

大汶口文化的主要特征可以概括为以下几点。

第一，以农业生产为主，兼营畜牧业，辅以狩猎和捕鱼业。目前人们已发现许多大小不等的村落遗址。村落遗址所选择的地点，大多在靠近河岸的台地上，也有一些在平原地带的高地上。农业以种植粟为主。在三里河遗址的一个窖穴中，曾发现1立方米的碳化粟，还发掘出大量牛、羊、猪、狗等家畜骨骼。

第二，房屋多数属于地面建筑，但也有少数半地穴式房屋。在山东诸城呈子遗址中曾发掘出一座近方形的房屋，房基东西长4.65米，南北宽4.55米，房门朝南。筑法是先在地坪上挖0.5米的基槽，槽内填土夯实。墙基内有密集的柱洞，室内有四个柱洞。在大墩子的大汶口文化墓葬中，还出土有陶房模型。一件立面呈长方形，短檐，攒尖顶，前面开门，三面设窗，门口及周围墙上刻有狗的形象。一件立面呈三角形，前面开门，左右及后墙开窗。另一件横断面呈圆形，上有一周短檐，攒尖顶，无窗。这些陶房模型为人们提供了相当形象的大汶口文化房屋形状。

第三，大汶口文化的灰坑有圆形竖穴和椭圆形竖穴，原先可能是用作储藏东西的窖穴。大汶口文化的灰坑还有口大于底的不规则形灰坑。

第四，大汶口文化的生产工具仍以石器为主，兼有一些骨器、角器和蚌器，另有少量的陶网坠和陶纺轮。石器有铲、锛、斧、凿、刀、匕首、矛等，有的石铲和石斧钻有圆孔，还有一些带柄石铲和石锛。骨器有鱼镖、镞、匕首和矛。角器有锄、鱼镖、镞、匕首。蚌器有镰和镞（图6-1）。

图6-1 大汶口文化时期的陶器、骨器

大汶口文化的早期阶段基本上只分布在山东和苏北地区，其南界不过黄河，向北到达鲁北地区，西界在运河两侧，东至黄海。人汶口文化中期阶段的分布范围南、北两界无大变化，但也有迹象表明，当时可能已经开始了向西扩展的趋势。

在皖北、豫东普遍发现了大汶口文化晚期的遗存，在淮阳平粮台、鹿邑栾台、蒙城尉迟寺等都发掘出明确属于大汶口文化晚期的底层堆积。也就是说，大汶口文化晚期的分布范围已经向西扩展到了淮阳一带。大汶口文化的发现，为山东地区的龙山文化找到了渊源，也为研究黄淮流域及山东、江浙沿海地区原始文化提供了重要线索。大汶口文化遗址中发现的许多刻划符号被认为是古老的象形文字。

二、陵阳河遗址刻符

陵阳河遗址位于莒县城东南10千米的陵阳乡大寺村西侧、陵阳河南岸，南至厉家庄村北，西到集西头村。遗址东西约1000米，南北约500米，总面积约50万平方米。该遗址土质为黄褐色，文化层厚1.2米，属于大汶口文化中晚期遗存，距今4800年左右。类似刻在大口尊上的图像文字，仅陵阳河遗址就有7种类型、13个单字（图6-2）。

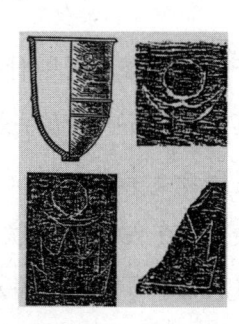

图6-2 陵阳河遗址出土陶器刻符

第二节 地名的印证

一、燕国

燕国（公元前1044—前222年），周朝时期的周王族诸侯国之一。现在的北京，原名为燕京。北京博物馆中所展示的青铜器的铭文中没有燕（国），而是匽、匽、郾。有专家解释，匽燕相通，这种解释容易混淆事实，即使在同一个地方，不同的名称应该代表不同的历史时期。汉、秦、唐、隋虽然都是中国历史上的朝代，但并不能因此说汉就是秦，唐就是隋。"郾就是燕、随就是曾"这种解释有待商榷。

那么，燕是从何而来呢？大汶口的刻划符号 ☯ 才是燕的原始字，⺊被劈开分布在其左右，显示出来的信息就是大汶口文化和峙峪文化在华北平原的北端相遇融合，形成了原始的 僾，这就是"燕"字的雏形。上面的"廿"是最后组合上去的，燕地就此出现。这与通常认为的"燕"字演变路径 ⻊ — ⻊ — 羕 — 燕 是不一致的。代表动物的"燕"和代表地名的"燕"是两条不同的路径。燕山是来自僾。

☯ —— ⻊ —— 僾 —— 羕 —— 燕

对于这一词条，《甲骨文字典》与《殷墟甲骨文辞类编》解释互有差异，尤其甲骨卜辞中第五字差异巨大，对于释读产生较大影响。

在《甲骨文字典》第667页中有：冉 夷 丨 十 僾 㐅 冈 王 林 才 亾 巛，释文为：庚寅卜在 僾師 贞王朕林方亡灾（前2.16.3）。

在《殷墟甲骨文辞类编》第4543页中有：H36968* 冉 夷 丨 十 僾 㐅 冈 王 林 林 才 亾 巛，释文为：庚寅卜在 僾師 贞王兓林方亡灾（黄类）。

图6-3 《甲骨文字典》　　图6-4 《殷墟甲骨文辞类编》

如果第五字是《甲骨文字典》中临摹得正确，那么 僾 可以解读为"灅"，燕地之河的意思，应是如今的永定河及其上游。

从这一点来看，商时期甲骨文对于以前的文字（或者文字符号）进行了大刀阔斧的归类与整合，僾 与 ⻊ 进行了合并归类，日 与 ☉ 同样进行了合并归类。

二、隰

"隰"的解释有两个方面的内容：

一为春秋齐邑名，即犁丘，在今山东省临邑县西。根据相同的原理，隰是大汶口后裔。

二为山西隰县。隰县隶属于山西省临汾市，位于临汾市西北边缘，晋西吕梁山南麓，属于典型的黄土高原残原沟壑区。公元前17世纪，是商朝属下的小国部落。公元前11世纪，西周分封诸侯，隰属同姓诸侯国中的蒲国。春秋时期，晋文公重耳分封此地，史称"蒲邑"。战国归魏，改蒲阳。秦属河东郡。汉置蒲子县。西晋永嘉二年（308年）刘渊建汉，曾徙都蒲子，后迁平阳，于此置大昌郡。北魏初属仵城郡。魏孝文帝改蒲子为长寿县，太和十二（488年）年于此置汾州。北周大象元年（579年）置龙泉郡。隋朝统一全国，视晋西为冲要，开皇五年（585年）废郡置隰州，继设隰州总管府，开始以"隰"命名。所以，隰、炅的"日"都来源于大汶口文化，与贾湖文化"日"不是同一源头。

第七章　峙峪遗址 ⺓ 标识氏族延续及发展

第一节　峙峪刻划符号

一、峙峪遗址简介

峙峪遗址位于山西省朔县城西北峙峪村（112.3552117°E，39.4107282°N）。遗址南北长100米，东西宽15米。遗址以细小石制品为主要特征。

峙峪遗址文化遗物包括石器、骨器和装饰品。出土石器主要有尖状器、雕刻器、刮削器、石镞等两万余件，主要是小型石器，大型石器极少，砍砸工具罕见。制造石器的原料有脉石英岩、硅质灰岩、燧石、火成岩等。出土骨器主要是骨尖状器，其他为一些打制痕迹清楚的骨片，也可作为某种工具使用。出土饰品有1件，是可以反映磨制钻孔技术的扁圆形石墨装饰品。

峙峪遗址中有与灰烬、石器、烧骨共存的动物化石，这些动物化石有的密集成层，大多为单个的动物牙齿，总数达5000余颗，还有大量被人工击碎的兽骨片。哺乳动物化石中最多的是野马，至少有120个个体，野驴88个个体，显然这两种草原动物是当时人们猎取的主要对象。

遗址的文化层中有两个灰烬层，据碳14断代，年代分别为距今28945年±1370年和28135年±1330年（未经校正）。灰烬层中出土了一件具有比较复杂图像的骨雕。这件骨雕长8厘米，宽3.1厘米，前端有一个尖，后端和一侧边缘都有用石锤打击而形成的疤痕，这显然是峙峪人将野马的肢骨砸开后，再从骨内壁向骨骼表面方向打击导致的。这件骨雕表面上的刻划痕迹和其他已知的刻划痕迹一样，都是峙峪人用雕刻器刻成的。其由于没有受到搬运和磨蚀，刻划痕迹十分清晰，易于辨识（图7-1）。

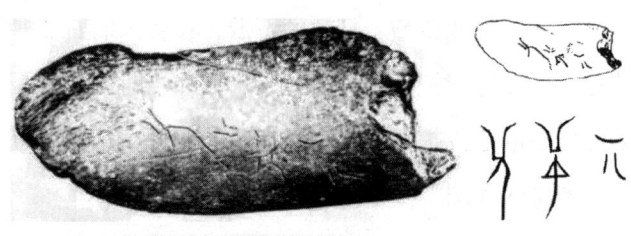

图7-1 峙峪刻符

峙峪人生活的时期，当地应该还有其他人群，会出现不同人群共同狩猎的情况，动物身上所中致命伤的武器是哪个氏族的，猎物就归属哪个氏族。所以，峙峪人和当时其他氏族的人都会在所使用的武器上做记号，这种武器上的刻符一直传承了下去。下面分几点阐述这一观点。

首先，从地形来看，峙峪遗址附近并不适合伏击猎物。但是在相对开阔的地方，峙峪人可以大量地捕猎野马、野驴。但即使是狼群要追上野马、野驴也是一件费力的事，更何况对于两条腿的人类来说。这证明此时的峙峪人已经大量使用了石索（石流星）。在泥河湾盆地的一个遗址中，人们发现了200多个石流星——一种远距离攻击武器。石流星不仅可以击打猎物，而且在击中奔跑的猎物后，绳索还会把猎物飞奔的腿缠绕起来。正是由于这种捕猎方式的存在，峙峪人才能在开阔的地带捕获到大量的大型野马、野驴作为食物（图7-2）。

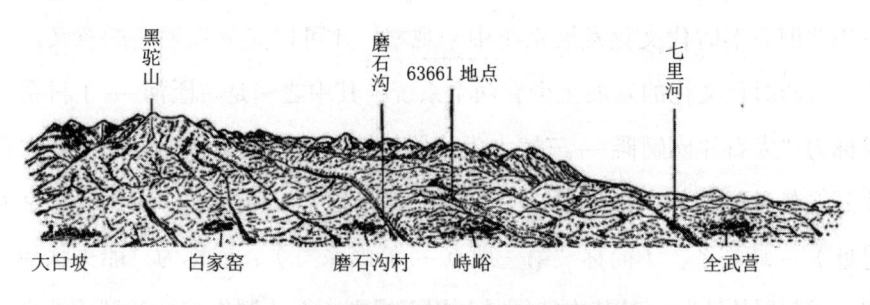

图7-2 峙峪村附近地貌（由朔州城外西望）

其次，在峙峪遗址中，考古学家发现了我国迄今所知时代最早的一件石镞。峙峪石镞以燧石为原料，由非常薄的长石片制成，前锋锐利；一侧边缘经过很精细的加工，另一侧保持石片原有的锋利刃缘，只在靠近尖端的部分稍加修理，以使尖端更为周正；与尖端相对的底端左右两侧均经加工而变窄，状似短短的镞铤。如此典型、精致的石镞，在我国旧石器时代晚期文化遗存中尚属首见。弓箭等于把手延长了几十米，在当时来说是最有威力的狩猎工具。石镞使狩猎的范围扩大，提高了捕猎的效率，从而促进了当时社会生产力的发展（图7-3和图7-4）。

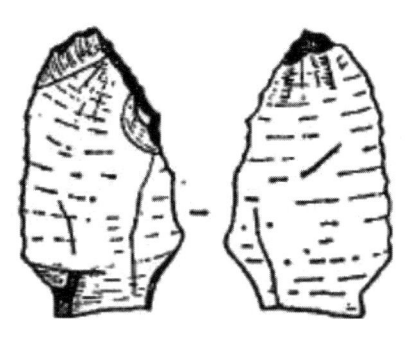

图7-3 峙峪遗址箭镞　　　　　图7-4 峙峪旧石器遗址

峙峪遗址中出土了不少皮制服饰，表明当时峙峪人已经学会用兽皮缝制衣服，用来御寒和保护自己的身体。从出土的石墨装饰品来看，有钻孔和摩擦的痕迹，既表明了峙峪人生产技术的进步，又反映了当时人类的原始审美情趣。另外出土的数百件骨片的表面分布着刻划的道痕，表明峙峪人不仅已经掌握了简单的数量概念，而且开始创作原始的雕刻艺术品。

峙峪人向四周扩散存在必然性。贾兰坡先生认为，只有把峙峪遗址放在华北旧石器时代文化发展系统中来观察，才可以充分理解它的意义。华北旧石器时代文化的发展至少有两个系统，其中之一是"匼河—丁村系"或称为"大石片砍砸器—三棱大尖状器传统"，其基本特征是利用宽大石片制造各种类型的大砍砸器；另一个系统就是"周口店第一地点（北京人遗址）—峙峪系"（简称"第一地点—峙峪系"），或称为"船头状刮削器—雕刻器传统"，其基本特征是利用不规则小石片制作多种类型的细小石器。"第一地点—峙峪系"在华北分布很广,这个丰富多彩的文化系统是华北新石器时代的细石器文化的先驱。峙峪遗址的意义恰恰就在于它是北京人文化与细石器文化的联系环节之一,并为亚洲、美洲细石器的起源提供了重要的线索。"有理由认为……峙峪系的华北旧石器时代晚期文化是产生华北发达的细石器文化的基础,大体上依扇形石核的发现地区和分布路线向其他地区分布。"①

峙峪遗址中的三个刻符具体是什么含义,是否具有文字特征,人们无从得知。但可以肯定的是,这是峙峪人有意识刻划上去的,或许代表数量,或许代表名称,或许代表家族……

峙峪人在向四周扩散的过程中,其中的一支或者几支以原有遗址中的刻划符号为氏族的标志,传承了下去。即使到甲骨文时期,这种符号也基本没有改变。峙峪字符中的 ㄑ（ㄔ）与甲骨文羌 ㄔ（一期 甲3338）、ㄔ（一期 铁244.1）、ㄔ（一期 京1275）比较,可以看出是一致的。作为刻划符号,在甲骨文之前,它们已经存在了24000—25000年。

二、古羌国

古羌国是否真实存在？主要在什么位置？这些还有待探讨。

羌方（或羌人）在有商一代一直存在,在数百年的历程中,商王朝兴起和商王朝的扩张、衰败,以及周人灭商建立周王朝,羌人是这些重大事件的见证者,有时甚至是参与者。

《诗·商颂·殷武》载:"昔有成汤,自彼氐羌,莫敢不来享,莫敢不来王。"殷墟卜辞中,商王朝对羌采取的行动频繁,有"征羌""伐羌""牵羌""执羌""获羌""获征羌"等多类用辞,这类卜辞又以武丁时期卜辞为最多,前引伐羌者大多出现于这个时期。

---

① 贾兰坡、盖培、尤玉柱：《山西峙峪旧石器时代遗址发掘报告》,《考古学报》1972年第1期。

根据《殷墟甲骨文辞类编》第 265 页和 266 页的卜辞所见，据不完全统计，其中来羌者如下：

H00226 正 * ⿰ （㚔），典宾 / 宾一；

H00228 ⿰（妥），宾三；

H00231 ⿰（疋），典宾；

H00235 正反 ⿰（无释文），典宾 / 宾一；

H00236 ⿰（㽙乘），宾三；

H00236 ⿰（曼），宾出；

H00240 正 ⿰（犬延），宾出；

H00243 正 ⿰（牧），典宾；

H00245 正 ⿰（光），典宾；

H00557 * ⿰（兂），宾三；

B00008 * ⿰ [敫厌（侯）]，宾三。

古羌并不是一个民族，而是对西部许多不同族群的统称。古羌人与如今的羌族不是同一个概念。商朝时，殷人就把中原以西的许多部落统称为"羌方"。

三、刻划符号的传承和发展

甲骨文"羌"的部分写法与峙峪刻符一致，如《甲骨文字典》第 416 页：⿰（一期 甲 3338）、⿰（一期 铁 244.1）、⿰（一期 京 1275）。

甲骨文"羌"也有部分写法含有绳索的意思，多指俘虏，如《甲骨文字典》第 416 页：⿰（一期 佚 386）、⿰（四期 甲 525）、⿰（四期 邺 1.40.2）、⿰（三期 邺 3.43.7）、⿰（一期 后下 33.9）、⿰（一期 铁 252.1）、⿰（三期 人 1876）、⿰（四期 京 3968）、⿰（一期 天 81）、⿰（一期 前 4.50.5）、⿰（一期 前 8.61）、⿰（一期 存 1.351）、⿰（一期 甲 351）。

甲骨文"羌"还有部分写法含有脚镣的意思,多指俘虏,如《甲骨文字典》第416页:❋(一期 佚673)、❋(一期 甲2809)、❋(一期 遗465)、❋(一期 甲3363)。

甲骨文"羌"的部分写法与其他符号有结合,如《甲骨文字典》第416页:❋(四期 存1.2233)、❋(三期 甲2464)、❋(五期 后下15.1)、❋(三期 佚827)、❋(三期 粹151)、❋(一期 后下12.16)。

对比以上的例字可以看出,"羌"的部分写法发生了变化。这说明中原地区对 ❋ 的认识已经发生了变化。❋ 是在形成期,❋ 文字是在形成后期,❋ 是与其他符号结合后的产物,羌人自己不会描绘加上绳索的变化,是商人在继承羌人的符号后,按照分类和会意形成的一系列新符号。毕竟甲骨文是商人在吸收四面八方的原始文字的基础上整理、规范而成的系统性文字,是以商人传承为标准的。由此可以得出结论:峙峪人发展成为羌人。

第二节　峙峪人群的分化

峙峪后裔以狩猎为生,这也就注定了其成员流动性大,活动范围广,容易形成新的家族,对文字需求不高。在漫长的历史发展中,峙峪刻符 ❋(❋)分化成以下几个支系。

一、羌系

峙峪刻符保持 ❋(❋)原样没变,逐渐演化为后来的羌系。

①❋(襄),见《殷墟甲骨文辞类编》第180页:H24238 ❋ ❋ ❋ ❋

王☒〇□于〇〇≋。释文为：庚寅卜行贞王其步自□于襄亡災。出二。

② 〇（敖），见《殷墟甲骨文辞类编》第 182 页：H30002 〇〇〇〇〇〇〇。释文为：弜尋桒敖方有雨。无名。

③ 〇，见《殷墟甲骨文辞类编》第 185 页：H01780 正〇〇〇〇〇〇〇〇〇〇。释文为：辛亥卜𡉉贞侑〇伯于父乙。宾一。

④ 〇（徵），见《殷墟甲骨文辞类编》第 190 页：H01709 正〇〇〇。释文为：王于徵。典宾。

⑤ 〇（浇），见《甲骨文字典》第 1216 页：〇〇 王 〇 于〇〇〇〇〇。释文为：卜贞王伐于〇往来亡災。前 2.21.1。

⑥ 〇，见《殷墟甲骨文辞类编》第 153 页：B01767 〇〇〇[〇]〇〇[〇]〇〇〇〇〇〇〇[〇]〇〇〇〇〇〇〇〇……〇〇〇〇〇[〇]……〇〇〇……。释文为：癸卯卜永[贞]旬亡[𡆥]王𡆥曰有求〇〇其有[来〇]四日丙午允有来〇……友唐告曰工方[〇]……入于〇。典宾。

⑦ 〇（元），释义为地名、方国名，见《甲骨文字典》第 2 页：〇〇〇〇〇。释文为：贞〇弗其〇元沚。合 146。

⑧ 〇，见《殷墟甲骨文辞类编》第 195 页：H01709 正 □ 〇〇〇〇〇〇〇〇〇〇〇〇〇。释文为：丁巳卜𡉉贞王𦥑众伐于〇方受有祐。典宾。

二、羊系

峙峪刻符中，〇（〇）刻符的分解之上部，演化成为后来的羊系。

① 〇（羊），地名，见《甲骨文字典》第 414 页：□〇〇〇〇〇〇，释文为：丁亥卜亘贞羊受年。乙 6753。

② 〇（徵），见《殷墟甲骨文辞类编》第 5312 页：H32085 〇……〇……〇，释文为：弜……徵……方。历二。

③ 〇（绊），见《殷墟甲骨文辞类编》第 5334 页：XS002 反……〇〇……，

释文为：……絴方……。典宾。

④ 羑（羑），见《殷墟甲骨文辞类编》第5335页：H01019 □ ⺄ □ □ □ □ 羑 □ ，释文为：□戌卜□贞翌□□羑伐□用。宾出。

⑤ 緕（緕），见《殷墟甲骨文辞类编》第5336页：H08596 □ ⺄ □ □ 緕 □ ，释文为：丙申卜贞緕其有灾。宾出。

⑥ 羖（羖），见《殷墟甲骨文辞类编》第5312页：D01161 □……□ 下 羖，释文为：贞……往于羖。历二。

⑦ 羖（羖），地名，见《甲骨文字典》第415页：□……□ 下 羖，释文为：贞……往于羖。遗901。

⑧ 角，地名，见《甲骨文字典》第418页：徃于 ⺄ 角，释文为：徃于又角。宁1.416。

⑨ 鵬，疑为地名，见《甲骨文字典》第420页：……□……⺄……⺄ 鵬，释文为：……贞……⺄……⺄ 鵬。掇1.354。

⑩ 屮，疑为地名，见《甲骨文字典》第420页：□ □ 屮 □ □，释文为：韦贞有屮自北。前5.47.1。

⑪ 筀，地名，见《甲骨文字典》第421页：于 氵 于 筀，释文为：于河于筀。甲2751。

⑫ 羗，方国名，见《甲骨文字典》第423页：于且乙 ⺄ 羗 来 羌，释文为：于祖乙 ⺄ 羗来羌。南明561。

⑬ 羛（羛），方国名，见《甲骨文字典》第424页：欠 弗 ⺄ 羛，释文为：欠弗 ⺄ 羛。前1.31.5。

三、匕、人系

峙峪刻符中， 亻（亻）刻符的分解之下部，演化成后来的匕、人系。亻源字下半部，分化出 亻。至于是"匕"还是"人"，在甲骨文几乎没有分别。也就是说 亻 即可作人解，也可作匕解。

① 〇，方国名，例证如下：

《殷墟甲骨文辞类编》第 50 页：H33194 〇〇〇〇，释文为：癸卯卜匕方。无名。

《殷墟甲骨文辞类编》第 120 页：H20612 〇〇〇〇〇，释文为：隹夷方受祐。师历。

《殷墟甲骨文辞类编》第 120 页：SG0061 [〇] 〇〇〇〇〇，释文为：[贞] 于大**宁征**尸。典宾。

《甲骨文字典》第 876 页：〇〇〇〇〇，释文为：隹人方受又。甲279。

对比发现，《甲骨文字典》和《殷墟甲骨文辞类编》对 〇 的翻译有差异，《甲骨文字典》翻译为"人方"，《殷墟甲骨文辞类编》翻译为"匕方、夷方、尸（方）"。不论是"人方"还是"匕方、夷方、尸（方）"，这是后人翻译时存在的差别，但在甲骨文中 〇 代表方国是没有争议的。

② 〇（何），方国名，例证如下：

《甲骨文字典》第 885 页：〇〇〇〇，释文为：何弗其受方。六中 103。

《殷墟甲骨文辞类编》第 243 页：H04954 〇〇〇〇〇，释文为：贞令良取何。典宾。

③ 〇（化），方国名，见《甲骨文字典》第 912 页：〇〇〇，释文为：贞乎化。乙 4051。

④ 〇，地名，见《甲骨文字典》第 902 页：〇〇〇〇〇〇〇〇〇〇〇，释文为：己未王卜在羌贞今日步于〇。缀 219。

⑤ 〇，方国名，从匕从虎，见《甲骨文字典》第 915 页：〇〇〇〇〇〇〇〇〇〇〇，释文为：贞王其〇〇方伯〇于止若。甲 1978。

⑥ 〇，地名，见《甲骨文字典》第 907 页：〇〇〇〇〇〇〇〇〇〇〇，释文为：辛丑卜行贞王步自〇于雇亡灾。二期 后上 13.2。

⑦ 〇，疑为方国名，见《甲骨文字典》第 908 页：〇〇，释文为：〇

受。一期 甲2927。

⑧ 🔲（卓），方国名，见《甲骨文字典》第914页：🔲🔲🔲🔲🔲，释文为：壬午卜贞卓亡灾。前4.14.2。

⑨ 🔲（温），见《殷墟甲骨文辞类编》第225页：🔲🔲🔲🔲🔲🔲🔲，释文为：乙酉卜贞王其田🔲亡🔲。无名。

⑩ 🔲（羌），见《殷墟甲骨文辞类编》第269页：H00466🔲🔲🔲🔲，释文为：贞庚申伐羌。典宾。

⑪ 🔲，见《殷墟甲骨文辞类编》第215页：H02002反＊🔲🔲🔲，释文为：墉其🔲（在🔲这个地方建城的意思）。典宾。

⑫ 🔲（攸），见《殷墟甲骨文辞类编》第331页：B11236＊🔲🔲🔲🔲🔲🔲🔲🔲🔲🔲🔲🔲🔲🔲🔲🔲🔲，释文为：癸酉卜在攸泳贞王旬亡𦥯王来正人方。黄类。攸侯国，是商朝末年一个重要的诸侯国，在今苏北一带的淮夷一部，主要是防范东夷入侵。攸侯喜为纣王时的末代攸侯。武王伐商时，攸侯喜勤王未果，后来统有十万大军的攸侯喜也不知去向。

⑬ 🔲（休），见《殷墟甲骨文辞类编》第333页：H00022＊🔲🔲🔲🔲🔲🔲，释文为：戊申卜争贞王往休。宾三。

⑭ 🔲，见《殷墟甲骨文辞类编》第337页：H37434正＊🔲🔲🔲🔲🔲🔲🔲🔲🔲🔲🔲🔲，释文为：己未王卜在🔲贞今日步于🔲亡灾。黄类。

⑮ 🔲（伊），见《殷墟甲骨文辞类编》第339页：B10633 🔲🔲🔲，释文为：于伊奭。历二。

⑯ 🔲，见《殷墟甲骨文辞类编》第346页：H35225 🔲🔲🔲🔲，释文为：甲午入🔲。历一。

⑰ 🔲，见《殷墟甲骨文辞类编》第349页：B01253正 🔲🔲🔲🔲，释文为：贞🔲其来。典宾。

⑱ 🔲（夹/郏），释义有二：一为中国古邑名，故地在今河南省郏县；二为中国古地名，在今河南省平顶山市辖县。见《殷墟甲骨文辞类编》第153页：B01760正＊……🔲🔲🔲……🔲🔲🔲🔲🔲🔲🔲……［🔲］

⚚ ⚚ ⚚ ⚚ ⚚ ⚚，释文为：……贞旬亡⚚……允有来嬉自西夆告曰……[⚚] ⚚夹方杲四邑十三月。典宾。

⑲ ⚚（鬼）。鬼方处于商朝以西，包括山西、陕西、河南西部，以及内蒙古中部、宁夏地区。从范围来看，鬼方国势力范围不亚于商朝。甲骨文中 ⚚ 是 ⚚ + ⚚ 的结合体，甲骨文出现距今 3200 年，也就是说在距今 28000—3200 年，峙峪刻符中的 ⚚ 作为符号一直在延续。鬼方之后，当地又有"魏""隗""媿"等，如：郏鄏，周朝东都，在今河南省洛阳市。

总的来看，含 ⚚（⚚）的甲骨文的大致情况可归纳如下：

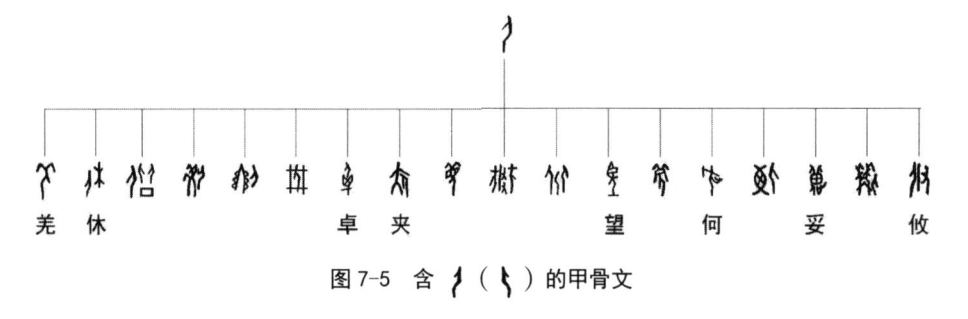

图 7-5　含 ⚚（⚚）的甲骨文

四、亚系

⚚ 和 ⚚ 左右组合为"北"，同时还可以并向组成，所以有"比""北""化""从""并"之分，在本书中称之为亚系。

（一）⚚（从或比）亚系

在《甲骨文字典》第 916 页中有如下例证：

⚚（一期 南师 2.148）、⚚（一期 粹 149）、⚚（一期 后 38.1）、⚚（一期 甲 2858）、⚚（二期 明 742）、⚚（四期 粹 10）。

《甲骨文字典》第 916 页解释为："从二人，象二人相随形。或从三人，同。会随行之意……卜辞中从、比二字之字形正反互用，混淆莫辨。王襄释 ⚚ 为比，释 ⚚ 为从。后之考释者，或释从，或释比，迄无定论。屈翼鹏以为比字作 ⚚、⚚ 等形。徵之辞例，亦不尽然，故应据文义以定释是从或比。"① 释意：一，使随行也；二，自也，由也；三，从雨即纵雨（郭沫若说）；四，卜得吉兆也。

⺊⺊（四期 人1822），《说文》："比，密也。二人为从，反从为比。"古文字正反每无别，故甲骨文从、比二字形体略同，不易区别，然而二字实应有别，即从从二人；比应从二匕。此由卜辞亦别用匕为妣，与用匕首为妣同可知。然在卜辞辞例中比、从二字因形近而每混用。

（二）𠨍（北）亚系

《甲骨文字典》解释为："象二人相背之形，引申为背脊之背。又中原以北建筑多背北向南，故又引申为北方之北。《说文》："北，茋也。从二人相背。"释意：一，方位名；二，北方，疑是殷北疆各方国之总称；三，北巫，神祈名称；四，北录，地名。"

𠨍（北），地名，见《甲骨文字典》第920页：⊠ 𠨍 ⼭ ⺊ ⻊，释文为：贞北录亡其𡧑。南坊3.70。

⺊，方国名或地名，见《甲骨文字典》第922页：⊠ 丬 亍 干 ⻊ ⺊，释文为：贞我勿涉于东⺊。佚647。

兽（一期 存1.170），见《甲骨文字典》第920页：W01396 ⼽ 兽，释文为：克兽。无名。

⺊（三期 京4895），见《甲骨文字典》第68页。

⺊，地名，见《甲骨文字典》第923页：……⺊ ⼞ ⼝ 干 禾 降 ⺊ ⼈ 于 ⺊ 大 𡧑 在 𠆢，释文为：……卜翌日辛帝降其入于⺊大𡧑在𠆢。宁1.517。

此外，还有"燕"字的甲骨文符号——⺊（一期 存1.746）、⺊（一期 前6.44.8）、⺊（三期 林2.16.13），均见于《甲骨文字典》第1258页。

---

① 刘长城：《汉字源流》，重庆大学出版社，2011，第23页。

（三）𠓣（并）亚系

《甲骨文字典》第918页解释为："从从，从一或二。从或作北，同。象连接二人并立之行。"《说文》："并，相从也。自卜辞辞例观之，乎者也。无相从之意。"释意：一，兼也，合也；二，地名。"

𠓣（并），地名，见《甲骨文字典》第919页：⚏ ⺈⺊ 亍 田 于 𠓣，释文为：叀般乎田于并。佚95。

综合"匕""比""北""从""并"甲骨文的写法，会发现一个规律：匕（或人）在某一区域进行了任意的组合。这种现象有一种可能的原因：匕（或人）的部落人群在没有受到外部影响的情况下，实现了分化、独立，分化出来的氏族随意组合，依然保持了"匕（或人）"的纯粹性。也就是说，以上几个符号作为地区名称的时间要早于与外来符号组合而成的"昆"（𠂎一期 人3162，《甲骨文字典》第926页解释为众，或有误，应为昆）、"昏"（𠃜三期 粹717）、"此"（𠂉一期 库1091）等部族名称。

商以后形成下图支系：

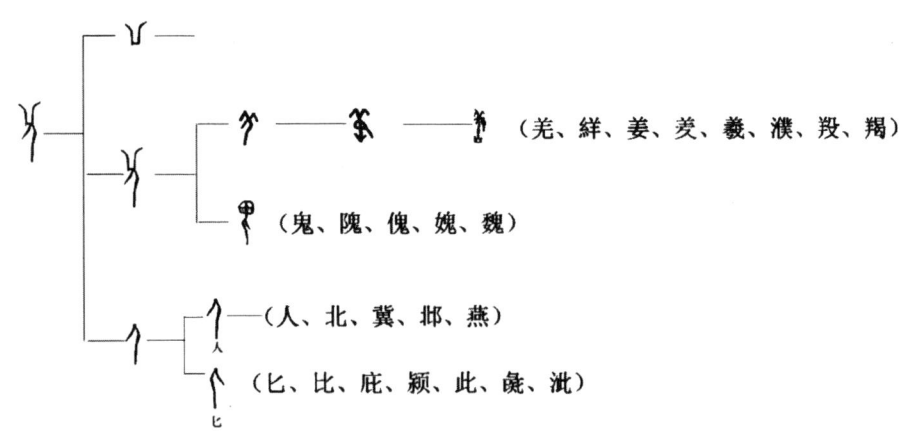

图7-6　𠓣形成的支系及后世地名

以上各处（庇地除外）皆位于太行、桐柏山系边侧，也就是我国地理上的第二台阶和第三台阶交汇的地区周边。而且，还出现一个规律，基本黄河以北地区是"北"的范围，黄河以南地区是"比"的范围。由此可推测出峙峪刻符 ⺁ 没有消失，而是以其原有形式和部分形式（文字基因）延续到了商武丁时期（距今 3200 年）。

当解释到这一层面，再看《说文解字》："北，从二人相背。凡北之属皆从北。"北，会意字，像两人相背，是根据这二人相背的形象演变而来的。金文与此大致一致，篆文的写法更加整齐化，隶变楷时就逐渐写作了"北"。把"北"作为与南相反的方向字，一直沿用到今天。北在商前时期已经代表比如今新乡一代更高纬度的地区。

含有" ⺁ "这种符号的国家和地区（羌、鬼、邶、冀、燕、庀）基本以山西为中心。东至山东，南过黄河，这一大范围区域内是峙峪人群及其后裔势力范围发展最直接的体现。也就是说，峙峪人群是中国北方最主要、最直接的人群主脉，是中华民族在裴李岗时期以前势力范围最广、28000 年以来从未间断的文化人群。此结论与传统观点有较大冲突，但是根据峙峪刻符的传承、发展轨迹，又有其合理性。

第八章　标识氏族延续及发展

"隹"没有发现具体近似文字的刻划符号，但是，其原始象形图案随处可见，实际参与了刻划符号的组合，所以此处单独列为一章进行阐述。

第一节　考古遗址中的鸟纹

一、许昌遗址骨雕鸟纹

2009 年，许昌人遗址内发现了一只骨雕小鸟，经测定，距今时间为 13500 年，这是中国目前发现的最为古老的雕刻。2020 年 6 月 11 日，中法联合科考小组在美国的《公共科学图书馆》杂志上发表了该考古成果，并将其命名为"灵井鸟雕塑"（图8-1）。

图 8-1　距今 13500 年的灵井鸟雕塑

二、鹳鱼石斧图彩陶瓮鸟纹

鹳鱼石斧图彩陶瓮，距今约 7000 年，属于仰韶文化遗物，1978 年于河南省汝州市阎村出土，现藏中国国家博物馆。实物高 47 厘米，口径 32.7 厘米。此瓮用夹砂红陶制成，敞口、深腹、平底。瓮的外壁画着一幅神秘的《鹳鱼石斧图》。画的左边绘有一只神采奕奕的白鹳，眼大身壮，长喙、短尾、高脚，口衔一尾大鱼。右边绘有一把带柄的石斧，斧头与柄相交处画着横线和圆点，表示两者是固定在一起的，斧柄下部画着交错斜线，可能是柄套，既防滑又美观，柄中部的黑叉则可能是具有某种意义的符号（图 8-2）。

图 8-2　鹳鱼石斧图彩陶瓮

三、仰韶文化庙底沟类型彩陶鸟纹

仰韶文化中期以庙底沟类型为代表，因其首先发现于河南省三门峡市庙底沟而得名。仰韶文化庙底沟类型相当于黄帝文化，该遗址中所出土的器物特征与黄帝时代所发明使用的器物特征是一致的。仰韶文化的庙底沟类型以豫、陕、晋三省为中心，存在于公元前 4005—前 2780 年，这是仰韶文化最繁盛的时代。庙底沟文化类型以人口扩张为驱动力，大量向周边地区尤其是西、北地区移民，使得西到甘青、东至海岱、东北到河套和辽宁、南到江汉的地域都涉及考古学上的"庙底沟化"过程。这些地域与商代政治地理范围有惊人的相似，在地理和文化上为夏商乃至秦汉以后的中国奠定了基础。

四、良渚文化玉璧鸟纹

良渚文化（距今约 5300—4300 年）玉璧，鸟立高台，目前仅见于昆山市少卿山良渚文化晚期墓葬 M7 出土的一件残璧上。其余刻符载体多为国内外博物馆里的藏品（图 8-3）。

图 8-3　良渚玉璧及其鸟纹摹画图

第二节　含🦅标识建立的国家和地区

甲骨文中含🦅标识建立的国家和地区大致有如下内容：

🦅（隻），地名，见《甲骨文字典》第 391 页：🐦🦅🦅🦅🦅🦅，释文为：贞亡尤在隻卜。文 398。

🦅（雀），方国名，见《甲骨文字典》第 392 页：🦅🦅🦅🦅🦅🦅，释文为：乎人不入于雀。乙 4510。这里解释为雀国，是商朝宗室侯国，国君卜辞中称"雀侯""亚雀""雀男"。商代雀国封地的具体位置不明。雀国是武丁时期重要的王室成员国，雀侯在王室担任重要职位，根据卜辞统计，雀国助商王室降服或灭掉了苟、基、亘、马、羉、望、畀等方国。

（雉），地名，见《甲骨文字典》第394页：己未卜㱿贞我于雉，释文为：己未卜㱿贞我于雉。丙 3。

（雍），地名，见《甲骨文字典》第396页：，释文为：庚寅卜在贞王步于雍亡灾。续 3.30.6。这里解释为雍（应）国。河南平顶山发现了 11 件年代属于西周早期的应公铜器，因每件铜器的铭文中的作器者都是应公，陈梦家先生便在《西周铜器断代》中对这些铜器进行介绍和分类时称之为应公诸器，如图 8-4 和图 8-5 所示。

图 8-4 应公方鼎乙　　　　　　图 8-5 双弦纹应公鼎

（雔），地名，见《甲骨文字典》第397页：，释文为：贞执雔匄。乙 5224。

（顾），地名，见《甲骨文字典》第398页：，释文为：癸亥卜黄贞王旬亡祸在九月正人方在顾。前 2.6.6。这里解释为顾国，是夏朝在黄河下游的重要盟国和东部的屏障，在今山东省鄄城县。夏朝末年，商族首领商汤率军攻夏，首先灭掉夏的属国葛，然后相继灭掉韦、顾、昆吾等国，削弱了夏的势力，最后在鸣条（今河南封丘东）之野大败夏桀，灭掉夏朝。

▨（雊），雊即鸿字之或体，地名，见《甲骨文字典》第399页：▨▨▨▨▨▨▨▨，释文为：甲寅卜在雊贞王今夕亡祸。续3.31.7。

▨（罗），方国名，见《甲骨文字典》第399页：▨▨▨▨▨▨▨▨，释文为：乙卯卜央贞旨䧅罗。乙5395。这里解释为罗国。罗国与楚国同祖。大约在殷高宗武丁时期，罗国遭到殷的征伐。到了春秋初期，罗国被楚国所灭，其遗民先被迁于枝江，后来又被迁至湖南汨罗江畔的平江县。

▨，方国名或地名，见《甲骨文字典》第400页：▨▨▨▨▨，释文为：庚子卜▨受年。前3.1.3。

▨，地名，见《甲骨文字典》第400页：▨▨▨▨▨▨▨▨▨▨▨▨，释文为：辛酉王卜在▨贞今日步于▨亡灾。前2.19.6。

▨，地名或方国名，见《甲骨文字典》第401页：▨▨▨▨▨，释文为：贞乎往奠于▨。乙5330。

▨，地名。见《甲骨文字典》第404页：▨▨▨▨▨，释文为：贞王入于▨束。乙580。

▨，地名，见《甲骨文字典》第406页：▨▨▨▨▨▨▨▨▨，释文为：癸卯卜彀贞乎▨往于▨从▨。乙3168。

▨，疑为方国名，见《甲骨文字典》第406页：……▨▨▨▨，释文为：……各化䧅▨眔▨。乙4062。

▨（萑），地名，见《甲骨文字典》第408页：……▨▨▨▨▨……，释文为：……丑……贞妇姘田萑。合56。

▨（舊/旧），地名，见《甲骨文字典》第410页：▨▨王……田▨，释文为：戊午王……田舊（旧）……。前2.26.1。

▨（敓），见《殷墟甲骨文辞类编》第5672页：H07773 [敓]▨入▨，释文为：[敓]其入商。典宾。

▨（濩），见《殷墟甲骨文辞类编》第5674页：H07773 ▨▨▨▨▨，释文为：王賓濩亡尤。

�（翟），见《殷墟甲骨文辞类编》第5677页：H37439 ☒ □ 王 卜 貞 于 翟……，释文为：癸□王卜贞于翟……。黄类。这里解释为翟国，翟国是赤狄建立的，后为周朝的诸侯国。到了春秋时期，翟国被晋国所灭。

㨁（鸠），见《殷墟甲骨文辞类编》第5678页：H37439 ☒ ☒ 卜 十 ☒ 卜 王 ☒ 干 ☒ ☒ ☒，释文为：癸未卜在鸠贞王步于减亡灾。黄类。

㨂（隽），见《殷墟甲骨文辞类编》第5680页：Y00133 ☒ ☒ ☒ 干 ☒，释文为：贞逃子☒于隽。典宾。

㨃（观），见《殷墟甲骨文辞类编》第5681页：H05158 ☒ ☒ ☒ ☒ ☒ ☒ ☒，释文为：贞王其往观汎不若。典宾。

㨄，见《殷墟甲骨文辞类编》第5681页：☒ ☒ ☒ ☒ ☒ ☒ ☒ ☒ ☒ 干 ☒ ☒ ☒ ☒ ☒ ☒ ☒ ☒ ☒ 干 ☒ ☒ ☒ ☒ 干 ☒ ☒ ☒ ☒ ☒ 八，释文为：戊子卜宁贞王往逐☒于汕亡灾之日王往逐☒于汕允亡在灾八。

㨅，见《甲骨文字典》第72页：☒ ☒ ☒，释文为：贞罙㨅。人1091。

㨆（霍），见《甲骨文字典》第425页：☒ ☒ 卜 十 ☒ ☒ 王 ☒ ☒ ☒，释文为：癸丑卜在霍贞王旬亡祸。续3.29.3。

㨇（淮），见《甲骨文字典》第289页：☒ ☒ 卜 十 ☒ ☒ 王 ☒ 干 ☒ ☒ ☒，释文为：乙酉卜在☒立王步于淮亡灾。金574。

㨈（隓），见《甲骨文字典》第1509页：☒ ☒ 卜 ☒ 于 ☒ ☒ 十 ☒ 二 ☒ 卜，释文为：丁丑卜又于五山在隓二月卜。邺3.40.10。

结合上述分析，对含㨅的甲骨文的归纳如图8-6和图8-7所示：

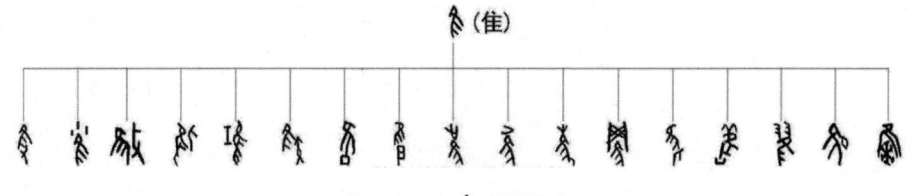

图8-6 含㨅的甲骨文

图 8-7 含 👤 甲骨文的环形排列

第三部分 源字的发展

单质以最原始、最本质的状态展示着其特有的性质，存在形式简单而纯粹，即"A就是A，B就是B"。在一定的条件下，单质可以相互结合形成化合物，即"A+B=AB"。化合物不论来源如何，其均有一定组成，即不同的原子间必以一定比例存在，如NaCl（食盐）、H_2O（水）。

一个氏族总是要同外部的氏族发生联系的，即使在最初的原始社会，人们也发现与外部氏族所繁衍的后代，其能力要强于本氏族内部繁衍的后代，也就是远缘杂交优势。于是古人就有意识地与外部氏族进行组合，随着这种组合的增加，新的氏族符号也出现了，也就是组合式原始文字。

第九章　氏族符号发展历程之揣度

人类社会发展遵从从氏族、胞族、部落、部落联盟以至民族、国家的形成这一由简单到复杂的规律。氏族，是原始社会最基本、最初级的社会组织形式，是以血缘关系自然形成的人类共同体，其成员一般有一个共同的祖先。出于族际间识别的需要，每个氏族都会有一个专用符号作为本氏族的图腾标记。胞族也称"大氏族"，是原始社会中介于氏族和部落之间的社会组织。胞族一般由两个以上血缘相近的氏族联合而成。同氏族标识会随着胞族的发展出现一些简单的变化。部落是两个或两个以上具有相同或相近血缘关系的氏族或胞族联合组成的社会组织。氏族符号组合形成新符号。部落联盟是两个或两个以上的部落联合组成的一个更大的社会组织。在部落联盟的基础上，通过一系列的斗争和发展，国家最终得以建立。我国古文字如影随形地反映了从氏族、胞族、部落、部落联盟以至民族、国家的这一发展规律。

第一节　氏族符号（源字）时期

元素是构成自然界各种物质的基本单位。同一种元素会形成品种繁多的化合物，表现出不同的特性。例如，铜的化合物有白色或灰白色粉末状的硫酸铜（$CuSO_4$）、鲜红色粉末状氧化亚铜（Cu_2O）、青绿色的孔雀石[$Cu(OH)_2CO_3$]等。以上化合物的共同特点就是都含有"铜"原子。

无论化合物的形式千变万化，"铜"原子始终存在。

图 9-1　硫酸铜　　　　图 9-2　氧化亚铜　　　　图 9-3　孔雀石

我们可以把氏族看作构成社会最简单的单位（原子），氏族最原始的符号看成文字中的原子。这样，我们所看到的鄄、莫、易、郇、阳、曾等地名文字都含有的"日"就是源字。无论后来的地名如何变化，但是源字"日"始终以不可分割的状态存在于这些纷繁复杂的地名汉字的结构中。

氏族在最原始的状态被赋予的符号往往是随机的，有可能是本氏族出产的物品特征，有可能是战争时期为了辨别敌我的符号，也有可能是图腾的抽象。这一点颇有些像现代人被其他人所起的外号一样，随机而形象。但符号一旦固定下来，便具有长期存在的稳定性和时效性。

我国 14 个遗址出土了近千种刻划符号，选取部分列举如下：

① 峙峪文字，距今 28945±1370 年和 28135±1330 年，有 3 种；

② 贾湖刻符，距今 9000—7500 年，有 16 个；

③ 荷花山刻符，距今 8500—6800 年，有 1 个（荷花山遗址因资料不足原因列举为 1 个）；

④ 大地湾字符，距今 8000—6000 年，有 20 个；

⑤ 双墩刻符，距今 7000 年左右，有 630 种；

⑥ 半坡陶符，距今 6800—6300 年，有 30 种；

⑦ 姜寨刻符，距今 6600—6400 年，有 38 种；

⑧ 陶寺字符，距今 4500—3900 年，有 2 个；

⑨ 良渚陶符，距今 5300—4500 年，有 656 种；

⑩ 柳湾刻符，距今 4500—3100 年，有 130 种。

上述这些刻划符号，在进行分类归纳时主要遵循了以下三项原则：

第一，在已经发现的考古遗址中的刻符，以最早年限为起点，确保其最早。

第二，本刻划符号不与其他遗址的刻划符号相同，确保其唯一性。

第三，在甲骨文中有一些含有本刻划符号的文字，确保其传承发展至成熟的文字（表9-1）。

表9-1 刻划符号中筛选的氏族标识符号

遗址	距今年代（年）	刻符	望地刻符	甲骨文
峙峪	28945±1370 或 28135±1330		—	一期 甲3338
上山文化 荷花山	8500—6800	田	宜昌柳林溪	田 二期 合集24457
裴李岗文化 贾湖	9000—7500			一期 前3.17.1 一期 乙3069
裴李岗文化 双墩	7300			一期 乙6751 一期 甲3576
彭头山	8200—7800	X		X 一期 铁247.2
城背溪文化 宜昌柳林溪	7000—6000		陶寺 4500—3900	一期 乙8165
仰韶文化 半坡、姜寨	6800—6300	T		
大汶口文化 陵阳河	4800			

表9-1为筛选得出最具代表性的 、田、日、 、 、X、 、T、 十大氏族标识符号，为讲述方便本书将其定义为"源字"。

筛选出以上"源字"的意义，相当于近代首次从万千物质中得到单质P（单质磷）元素。这让文字研究终于走上了可以用原子理论来找寻规律、建立模型的道路，此时已经完全脱离了《说文解字》六书定义的造字方法。

第二节　胞族符号时期

随着氏族继续发展，人口逐渐增多，单位面积上的食物产量不足以养活这么多人口时，氏族部分人员外迁定居是不可避免的，这也就是胞族形成的原因。胞族会继续保留原氏族符号的特征，但又会与原氏族符号（源字）有所区别。这时，胞族符号便出现了。

一、源字的重叠

源字可重叠。例如：▱ 既可以作"日"，也可以组合为"昌"，还可以组合为"晶"（表9-2）。

表9-2　胞族符号的重叠形式

氏族符号（源字）	胞族符号重叠形式
A	AA　A/AA　AA/AA　A/A　A/A
↯	—
田	田田
▱	晶
⬭	⟁
🐟	—
8	88
夂	—

续表

氏族符号（源字）	胞族符号重叠形式
⊓	—
⊖	—
⋈	—

上述胞族符号在甲骨文中的例证如下：

⊞（一期 库492），释义为地名，见《甲骨文字典》第1474页。

品（一期 佚506），《甲骨文字典》第741页解字为："象星罗列之形，为星之本字。"

丨（一期 林1.24.18），《甲骨文字典》第321页作如下解释："臣象竖目形，郭沫若谓：'以一目代表一人，人首下俯时则目形为竖目形，故以竖目形象屈服之臣仆奴隶。'"

丨丨，从两目相叠，释义为方国名，见《甲骨文字典》第323页。

⋈⋈（一期 乙2285），《甲骨文字典》第450页释义为："读如兹，此也。"

二、源字的拆解

源字可以拆解。例如，丫既作"羌"解，也可拆解为丫和丨（表9-3）。

表9-3 胞族符号的分裂形式

氏族符号（源字） R	胞族符号分裂形式		
	R（上半部）	R（下半部）	
丫	丫	丨	
	上半部不同组合	下半部正面	下半部反面
	丫 丫 丫	丨	丨

ᗶ（羊），释义：①牲畜名；②地名。见《甲骨文字典》第 413 页。

↑（人/匕），释义：①人：人方，方国名，见《甲骨文字典》第 875 页；②匕：象人鞠躬或匍匐之侧形，《甲骨文字典》第 913 页解释到："郭沫若以为象匕匙之形，实非。其初形应作⏗，为适应竖行排列之故，遂作ᒉ……"

其他例证还有：ᗶ（一期 合 260），见《甲骨文字典》第 419 页；ᗶᗶ（一期 存 1.637），见《甲骨文字典》第 424 页；ᗶᗶ（一期 前 4.35.5），见《甲骨文字典》第 424 页。

三、源字的转向

源字可左右转向。例如，↑既作"人"解，也可作"匕"解（表 9-4）。

表 9-4　胞族符号转向后重叠

胞族符号	胞族符号转向后重叠形式					
	AA	A/A	∀/A	A/AA	AA/AA	—
↑、ᒉ	⇈	—	⇊	⇈⇈	—	—
	⇊	—	—	—	—	—
	⇈	—	—	—	—	—
	—	—	—	—	—	—

相关例证如下。

↑（四期 合集 32 273）、ᒉ（三期 合集 23403），释义为人，见《甲骨文字典》第 875 页。

⇈（一期 粹 149），释义为从，见《甲骨文字典》第 916 页。

⇈⇈（一期 甲 2858），释义为从，见《甲骨文字典》第 916 页。

⇊（四期 人 1822），释义为比，见《甲骨文字典》第 920 页。

𠂉（一期 乙 3925），释义为北，方位名、地名，见《甲骨文字典》第 920 页。

𠂉（一期 乙 4051），释义为化，方国名，见《甲骨文字典》第 912 页。

胞族符号不但有以上最原始的变化，也会通过添加简单的区分形式来进一步细化。为了便于理解，举一个后来的例子。例如张庄，发展分出前张庄、后张庄、东张庄、西张庄、南张庄、北张庄、大张庄、小张庄、老张庄、新张庄。那么，这些不同的张庄要怎么去区分，必然要做一点小小的记号进行区分。

峙峪刻划符号的 𠂉（源字）衍生出许多近似源字的新字，这些新字传承到商朝甲骨文时期有以下形式：[符号组]。①

这种胞族符号做记号的区分，实际上也是新文字的来源之一。

第三节　不同氏族符号的结合时期（部落时期）

一个氏族总是要同外部的氏族产生联系的，即使在最初的原始社会，人们也发现，与外部氏族所繁衍的后代，其能力要强于本氏族内部繁衍的后代，这也就是远缘杂交优势。于是本氏族就有意识地与外部氏族进行组合，人类社会也就发展到了部落时期。随着这种组合的形成，新的氏族符号也出现了。

不考虑外界因素影响，只是原始的两个刻划符号相互结合，就会出现一系列新的刻划符号（原始文字）。例如，浙江荷花山遗址刻符 田 和山西峙峪遗址刻符 𠂉 结合形成 甲（一期 乙 6684，见《甲骨文字典》第 1021 页），

---

① 徐中枢主编《甲骨文字典》，四川辞书出版社，2014，第 416 页。

也就是鬼。鬼方是商朝西北方向的一个主要敌对国。

运用本书氏族符号组合形成文字的方法，可以推测出含田符号的是浙江荷花山遗址人群后裔，他们全部或者部分发生了迁徙，从浙江辗转到了太行山一带，与当地的峙峪遗址人群后裔之丿一部结合，形成了新的氏族部落㽙。由此可揣测其他部落符号形成的最原始人群，同时可以以此粗略勾画出古代不同人群迁徙结合的历史轮廓。

首先，原始符号可以重叠后再组合结合。例如，丿重叠后形成 𢆶 和 𣲚，而后再与其他刻符组合形成 冎 和 㸚。

其次，原始符号可以横读，也可以竖读。例如，⌒ 横读为"目"，竖读为"臣"。

再次，根据十大部源刻划符号的位置标注可以看出各个刻划符号是有区域性的。具有相同的原始符号的刻符或者文字大多出现于同一地区，或者附近。

最后，相邻的两个势力交汇区往往是形成新文字的前沿地区。并且，地名一旦形成，很少发生改变，同时会随着本地区内人口的迁移出现在新地方。而依据刻符组合的理论，甲骨文中的一些文字可能需重新解释（图9-4）。

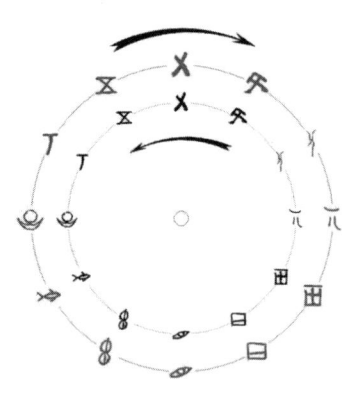

图9-4 原始刻符的结合模式

结合上面的分析和论述，总的来看，前面总结出的十大源字可以组成无数个符号，这些符号组合可能散落于周边少数民族地区，也可能人们还没有挖掘到。但是，无论组合得到了多少符号，都以现有甲骨文（包含未释读）作为验证基础，其余不作为讨论依据。具体来看，其组合情况大致分析如下。

① ⼿ + ⼝ = 旨 （后下1.4），释文为旨。

② ⼈⼈ + ⼝ = 众 （三期 后下22.2），释文为众[①]。本书疑为昆。

③ ⼈⼈⼈ + ⼝ = 众 （一期 前7.30.2），释文为众。

④ ⽇ + ⼭ = 字 （一期 京2824），无释文。

⑤ ⼭⼭ + ⼭ = 字 （一期 乙6112；一期 乙55），无释文。

⑥ ⽊ + ⽇ = 字 （一期 乙7357），释文为曼。

⑦ ⽷ + ⽂ = 字 （三期 合集27456），释文为絭。

⑧ ⽊ + ⽇ = 字 （一期 后下27.2），释文为曼。

⑨ ⽇ + ⼿ = 字 （一期 续1.5.3），释文为督。

⑩ ⽊ + ⼿ = 字 （一期 乙637），无释文。

⑪ ⼸ + ⽷ = 字 （三期 甲2464），释文为絆。

⑫ 字 + ⼭ = 字 （三期 佚827），无释文。

⑬ ⽥ + ⼭ = 字 （五期 前2.6.4），无释文。

⑭ ⼁ + ⼁ = 何 （一期 甲3097），无释文。

⑮ ⼸ + ⽇ = 字 ，同 字（一期 佚884），释文为蕭。

源字及其组合形成的约40个原始汉字在甲骨文中得到验证，有理由相信原始的地名文字是居住地氏族符号结合的结果，也就是部落标识。

不同的原始人群最初是在小范围内活动发展，逐渐形成了自己群体的势力范围。随着氏族不断的发展、族群不停的扩张，势力范围逐步扩大，不同人群间的融合自然不可避免。在这个过程中，既有原氏族的传承，又有新氏族的形成。为了区分和标识不同的氏族，代表各自原氏族的符号（源字）相互结合，形成新的代表符号（初字），这种新的符号数量迅速增长，逐渐

[①] 根据《甲骨文字典》第926页的解释，其大意可能是日出时众人所聚，其中所引用四条 ①前5.45.5 ②邺3.43.6 ③前4.30.2 ④京1031都是 字，不是 字。所以此处 字 疑是昆，而不是众。

形成了丰富多样的符号体系（图9-5）。

图 9-5 氏族符号形成原理

上图是说明原理，在现实中可能有更多的原始氏族符号参与了组合。例如，贾湖遗址"日"的发展与扩张，到甲骨文出现时，与日结合的符号不仅仅是 ⸺、田、日、◯、◇、⊗、⊠、夂、丁、⌣ 十大氏族标识符号。依据《甲骨文字典》，源字日与其他符号的结合如下图 9-6 所示。

图 9-6 甲骨文中"日"实际组合及其相对应的地名或方国名文字

① 峙峪遗址刻划符号之传承 ╱ 与贾湖遗址 ▭ 刻符有组合。例证：🅰（一期 人 3162），见《甲骨文字典》第 926 页。

② 荷花山遗址刻划符号之 ⊞（形成 ⊞ 后）与贾湖遗址 ▭ 刻符有组合。例证：🅱（乙 55），见《甲骨文字典》第 1023 页。

③ 柳林溪遗址刻划符号 ≋ 之与贾湖遗址 ▭ 刻符有组合。例证：🅲（一期 乙 8027），见《甲骨文字典》第 725 页。

④ 马家窑遗址刻划符号之 ✦ 与贾湖遗址 ▭ 刻符有组合。例证：🅳（一期 前 7.43.2），见《甲骨文字典》第 723 页。

⑤ ✦ 与贾湖遗址 ▭ 刻符有组合。例证：🅴（掇 2.167），见《甲骨文字典》第 406 页。

对比之后可以得出结论：原始部族刻划符号的组合（部落标识）是我国原始地名的主要来源，并且，许多部落标识后来成为方国标识——国名。

在甲骨文中，这样的原始地名还有很多，如果从象形上去解释这些文字较困难，这也是为什么在甲骨文释读中对于地名、方国名有相当一部分无法解读的原因。只有通过源字的组合去探索，才是解读甲骨文中地名、方国名的便捷途径。

当人们站在黄河壶口瀑布，看着那雷霆万钧的黄河水汹涌而下，有谁会想到黄河的源头约古宗列曲只是"碗口大"的水坑，水流量每秒 2.5 立方米呢？而在汇集了湟水、洮河、汾河、渭河之后，变得雷霆万钧、势不可挡。我国的文字发展又何尝不是如此，最开始只是刻在骨头、陶器上的符号，随着氏族的传承，这些简单的符号不断融入新的血液，不断发展、组合，再到后期加入部落特征，逐步形成了系统的甲骨文。

对于甲骨文之前的文字研究，至今基本处于探索阶段。刻划符号成为氏族符号并发展成为地名文字的观点，与传统的"象形、指事、会意、形声、转注和假借"造字方法或有一定的冲突。但是众多的地名和古国名字强有力地佐证了这一观点。顺着这一思路向前探索，或许是释读甲骨文中地名文字的重要方法。

第十章 试用符号的组合解读地名文字

第一节 释读 ⺢（颖的初字）及附带

峙峪刻符中，{刻符的分解之下部，发展成为后来的"七""人"。{源字下半部分化出{，至于是"七"还是"人"，在甲骨文中几乎没有分别。也就是说，{既可作"人"解，也可作"七"解（表10-1、表10-2）。

表10-1 甲骨文中"人"的写法

序号	字符	释文出处
1	⺁（一期 后上31.6）	《甲骨文字典》第875页
2	⺁（一期 铁431）	同上
3	⺁（二期 合集23403）	同上
4	⺁（二期 南明635）	同上
5	⺁（四期 合集32273）	同上
6	⺁（五期 前2.6.6）	同上
7	⺁（周甲.探69）	同上

表 10-2 甲骨文中 "匕" 的写法

序号	字符	释文出处
1	?（一期 前 4.8.2）	《甲骨文字典》第 913 页
2	?（一期 前 1.31.6）	同上
3	?（一期 前 1.35.5）	同上
4	?（四期 后下 36.6）	同上

?既可作"人"解，也可作"匕"释。作"匕"解释有作为"地方"一说，见《殷墟甲骨文辞类编》第 50 页：H33194 ?，释文为：癸卯卜匕方。无名。此处明确指出"匕"作为商时方国。

在我国的古代汉字使用中，同一个字既可以左右布置，也可以上下布置。例如，峨眉山的"峨"，有左右结构，也有上下结构；"群"为左右结构，"羣"为上下结构（图 10-1）。

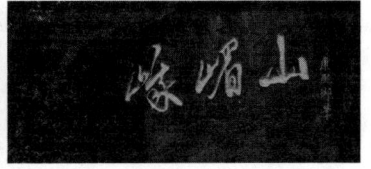

图 10-1 "峨"的不同写法

那么，"上匕下水"是什么？

例如：?（一期 佚 616），《甲骨文字典》第 1201 页解释为："从水从人"，与《说文》伙字篆文同，《说文》："伙，没也。"段注谓："此沉溺之本字"。

?（一期 乙 6962），《甲骨文字典》第 901 页解释为："从人从水。《说文》所无。"

?（一期 铁 264.2）、?（一期 人 3233），《甲骨文字典》第 1216 页解释为："从水从刀。《说文》所无。"

以上两个字在《说文》中没有解释，在《甲骨文字典》中也没有解释，至今没有释读。

按照本书的解释，❀（一期 佚616）、❀（一期 铁264.2）、❀（一期 人3233）三字同解：❀—❀—❀—❀，也就是颍河的颍。

这样解释的原因是，"页"在甲骨文中为：❀（一期 乙8780）、❀（一期 乙8815）、❀（一期 乙8858）、❀（三期 乙4718），见《甲骨文字典》第991页。而"项""顾"等古国名字在甲骨文中并没有出现。同理，甲骨文中"颍"右侧的"页"也不会出现，所以，"❀"在甲骨文时期是以 ❀、❀、❀ 的形式存在的。

"颍"发展顺序：❀—❀—❀—颍。成型的"颍"是晚于距今3200年才出现的，在此之前的写法是"❀(❀)"。依照这样的理论如下总结：

第一，❀❀❀❀❀❀❀❀❀❀（一期 乙6962），见《甲骨文字典》第901页。可以解释为"甲辰卜❀(❀)贞翌乙巳其雨"，❀为❀，《甲骨文字典》中解释的是"从人从水，《说文》所无"。

第二，❀……❀……❀（佚616），见《甲骨文字典》第1201页。可以解释为"乎……❀……颍"，《甲骨文字典》中解释的是"'乎……❀……伙'意不明"。

第三，……❀……❀❀（前1.32.3），见《甲骨文字典》第1216页。可以解释为"……方……❀颍"，《甲骨文字典》中解释的是"从水从刀，《说文》所无，❀方国名"。

颍河，古称颍水，其主要支流为沙河，因此也被称为"沙河"或"沙颍河"。颍河是淮河的支流，发源于河南省登封县嵩山，经周口市、安徽省阜阳市，在寿县正阳关（颍上县沫河口）注入淮河，是淮河最大的支流。全长620公里。流域范围北抵黄河南堤，西北毗邻黄河支流伊、洛河，西南与汉水水系的唐白河流域分界，南与洪汝河、谷河、润河地区接壤，东北与涡河、西淝河水系相邻。

❀是峙峪人群分化出来的特定符号，根据甲骨文来看，"颍河"这一名称在商朝时期就已经存在。同时，𔓐在嵩山南面作为特征符号地名的时间早于受龙山文化影响而存在的峙峪文化势力影响这里的时期。

河南龙山文化，存在于公元前2400年以后的龙山时代晚期，也被称为"王湾三期文化"，包括分布在河南省境内的多处龙山文化遗存。经发掘的有洛阳王湾遗址、临汝煤山遗址、登封王城岗、陕县三里桥、永城王油坊、淅川下王岗、安阳后冈遗址等。这些遗址的出土物以表面饰有绳纹与篮纹的灰色陶器为突出特征。

根据登封王城岗遗址（以中原龙山文化类型中晚期为主、兼有新石器时代早期裴李岗文化和相当于夏代的二里头文化与商周文化的遗址）、汝州煤山遗址（遗址的绝对年代为距今4500年左右，文化性质为新石器时代龙山文化晚期煤山类型）、禹州瓦店遗址（龙山文化的早、中、晚期遗存，并以晚期遗存为主）都紧邻颍河，可得出结论：颍河被称为"𔓐"水不会晚于距今4500年；被称为"𔓑(𔓒)"不会晚于大禹治水时期（距今4000年），简单一点来说就是早于河南（主要指嵩山以南地区）龙山文化时期。

为什么这样讲？一般来讲，新兴势力（龙山文化）的到来，绝对不会允许老的残余势力（峙峪势力）对地域有命名权，从龙山文化时期直至商周时期，都是非峙峪文化势力统治该地区。所以说，"匕"水（颍）这一名称的确定一定早于龙山文化的到来。

综上所述，"𔓐"水是早于距今4600—4000年存在的，名字演化成"𔓑(𔓒)"不晚于距今4000年（大禹治水时期），字形演化成𔓓（甲骨文）不早于距今3200年，字形从𔓑(𔓒)转化为"颍"是受古顿子国、古项国地区（今河南周口地区）𔓔势力影响，𔓔迁徙到并盘踞于今周口地区的时间不会早于西周时期。此外，颍河名字不会是源于颍考叔，相反，颍考叔名字源于颍河。

第二节　辩释 🏱（異，即冀之初文）

《甲骨文字典》第 237—238 页中对 🏱（后下 19.3）的解释为："王国维谓：'此殆畀字，与与受诸字同意。字亦作畁，鼻尊𩰤字从此为声。《说文》分畁畀为二字，或失之。'按王说可从。"《甲骨文字典》没有再对畀、畁做更深入的辨析。《殷墟甲骨文辞类编》采用了王国维的说法。

本文对王国维的说法持有异议，认为《说文》中分畀、畁为二字应是正确的。

🏱字下半部分是 丌 还是 𠬞，是比较容易区分的，丌 源自峙峪刻符，丌 支系虽然没有 𠬞 支系对后世的影响大，但依然是一支具有独立的字符发展的体系。

《甲骨文字典》第 236 页中指出"共"的写法为：𠬞（前 7.3.2），并解释为："象拱起两手有所奉执之形，即共之初文。"

结合以上内容，🏱 应当是"異"的意思，即冀之初文。这与《甲骨文字典》中"異"的写法与意思有很大的差异。

但是，在《甲骨文字典》中"異"有另外一种解释。《甲骨文字典》第 253 页中指出"異"的写法为：🏱（三期 甲 2813），并解释为："象人举子之形"，子即祭祀中象征神主的小儿，即所谓"尸"。举尸即会意为祀。在书写使用中，🏱 所从之 𡕒 由头与手臂相接渐变为 甲、申，遂作 🏱、🏱 等形，为《说文》禩字所本，即祀之初文。《说文》："異，分也。"为后起意。

本书认为对于"象人举子之形"这种原来依照象形造字是会很容易产生歧意的。依照本书的解释，🏱 是"田"刻符基因的氏族与"共"刻符基因的氏族组合形成的文字。根据我国出土文物的实证，"田"氏族源于荷花山遗址地区，迁徙兴盛于江汉地区。①从江汉地区北上，与"共"氏族结合形成"巽"群体。

"共"是一个古老的氏族，其原始居住地按照考古的实物证实，南到颖水的阳城地区（今河南登封地区），北到共国（今河南辉县），这都应是共族的区域。《登封王城岗与阳城》对一件陶杯残片描述如下："标本WT195H473：3，系杯的残底部，泥质黑陶，薄胎，磨光。直壁，平底，底外部有烧前刻划上的一个文字，形似'共'字。"，如图10-2所示。

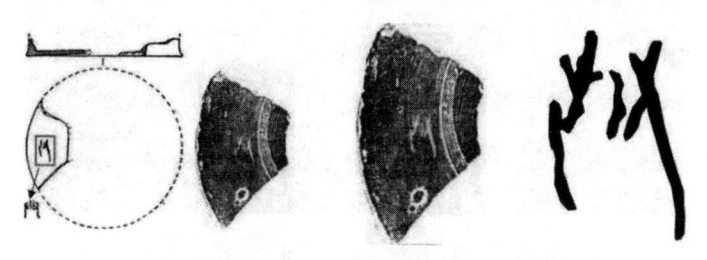

图10-2　王城岗遗址标本WT195H473：3的底外部

该遗存属于王城岗龙山文化后期第二段，据碳14测年，该文化期年代上限应不早于公元前2130—前2075年，年代下限应不晚于公元前1885—前1835年。②

共归周后，被封在今河南省辉县市，其国君的爵位是伯爵，因而共国的国君被称为共伯。西周时，周人暴动，推翻周厉王，共伯和被拥立为王，代行天子事十四年后，归政于周宣王，共伯和回到共国。先秦文献及西周金文（《师𠦪簋》《师晨鼎》《师俞簋》《谏簋》《元年师兑簋》《三年师兑簋》）皆证明"共和行政"即共伯和行王政。

春秋初期（公元前722年），郑国发生内乱，郑庄公之弟共叔段被迫逃到共国。公元前660年左右，共国被邻国卫国所灭。

共国的得名，同共山、共水和共工氏有关。辉县市远古时期为共工氏

---

① 韩建业：《试论跨湖桥文化的来源和对外影响——兼论新石器时代中期长江中下游地区间的文化交流》，《东南文化》2010年第6期。
② 河南省文物研究所、中国历史博物馆考古部：《登封王城岗与阳城》，文物出版社，1992，第77页。

部族居地。夏属冀州之域，殷商系畿内地，周称凡国、共国（图 10-3）。

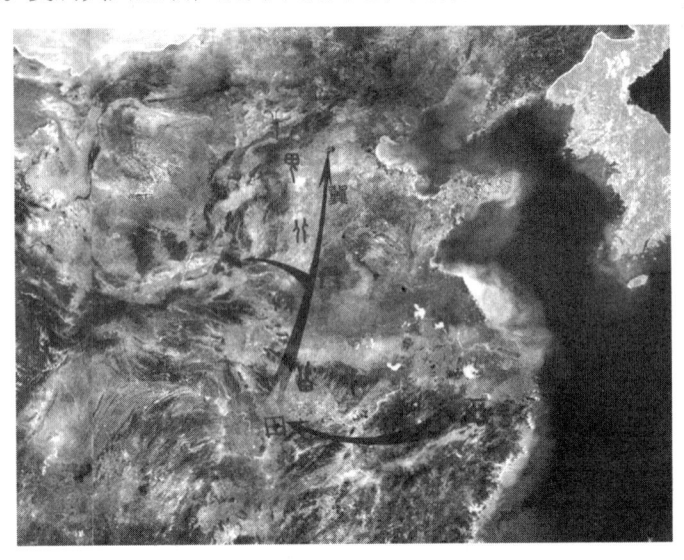

图 10-3　田 氏族符号的迁徙和发展示意图

"田"氏族符号到达长江中游后，随江汉人群北上，与"共"氏族符号组合而成"異"，即 ㈜。㈜（一期　后下 29.11），见《甲骨文字典》第 237 页。

在《殷墟甲骨文辞类编》第 6624 页中，有如下例证：

H06960 〔符号〕，释文为：壬子卜王令雀瞪伐畀十月。师宾。

H06962 〔符号〕，释文为：弓乎雀伐畀。师宾。

HZN343 〔符号〕，释文为：癸亥卜令雀伐墣畀雀叶王事不救众。无名。

这些例证明确表明 ㈜ 表示地名或者方国名。

以"異"为源字的文字中表示地名的有：①溴水，发源于新郑市辛店镇西大隗山凤后岭北，东南流经长葛市、许昌市、临颍县和鄢陵县，于鄢陵县南部赵庄闸以下 2 公里处注入颍河。②清溴河，属于颍河支流，起自河南省许昌市区北东部。向东偏南流经许昌县、临颍县、鄢陵县，至西华县逍遥东北入颍河。全长 149 公里，流域面积为 2192 平方公里。

以"異"为氏族符号的人群继续北上，遇到"北"（峙峪后裔）形成"冀"。这也就确定了 ᗰ 应是"冀"的初文。

以"異"为氏族符号的人群一支向西迁徙、发展，遇到"羽"（峙峪后裔）形成"翼"，也就是后来的翼国。

文字是逐层丰富的。可以大胆的推测：田 氏族符号是由南向北经历了"田（田）—ᗰ（異）—冀"的这一发展过程。

"田"与"共"的组合从地理位置上来说，早于"田"与"羌"的组合。先有 ᗰ 后有 ᗰ，这也就是说先有曾国后有鬼方。仌 代表北方，是后来才加到 ᗰ 上面的，意思異地的北部，或者是北方的異地，从而形成"冀"。

参照上述分析，可以解开曾国、鬼方、冀州的原始来历。

参考文献

[1] 左丘明. 左传今注 [M]. 李梦生，注释. 南京：凤凰出版社，2008.

[2] 平势隆郎. 从城市国家到中华：殷周、春秋战国 [M]. 周洁，译. 桂林：广西师范大学出版社，2014.

[3] 《线装经典》编委会. 论语 [M]. 昆明：云南教育出版社，2010.

[4] 白献竞，高晶. 华夏先声：正说中国古代文明 [M]. 北京：海潮出版社，2006.

[5] 陈絜. 商周姓氏制度研究 [M]. 北京：商务印书馆，2007.

[6] 陈久金. 斗转星移映神州：中国二十八宿 [M]. 深圳：海天出版社，2012.

[7] 陈年福. 殷墟甲骨文辞类编 [M]. 成都：四川辞书出版社，2021.

[8] 何新. 《夏小正》新考 [M]. 沈阳：万卷出版公司，2014.

[9] 吕不韦. 吕氏春秋 上 [M]. 陆玖，译注. 北京：中华书局，2011.

[10] 陆星原. 汉字的天文学起源与广义先商文明——殷墟卜辞所见干支二十二字考 [M]. 上海：上海社会科学院出版社，2011.

[11] 司马迁. 史记全本 [M]. 沈阳：万卷出版公司，2008.

[12] 谭其骧. 简明中国历史地图集 [M]. 北京：中国地图出版社，1991.

[13] 王蕴智. 殷商甲骨文研究 [M]. 北京：科学出版社，2010.

[14] 吴丽娱. 礼与中国古代社会. 先秦卷 [M]. 北京：中国社会科学出版社，2016.

[15] 徐显之. 楚事编年辨 [M]. 北京：学苑出版社，2009.

［16］徐中舒.甲骨文字典[M].成都：四川辞书出版社，2014.

［17］袁广阔，马保春，宋国定.河南早期刻划符号研究[M].北京：科学出版社，2012.

［18］许慎，张鹏.说文解字[M].昆明：云南人民出版社，2013.

［19］湖北省文物考古研究所.宜昌杨家湾[M].北京：科学出版社，2013.

［20］河南省文物考古研究院，中国科学技术大学科技史与科技考古系.舞阳贾湖.2[M].北京：科学出版社，2015.

［21］河南省文物研究所，中国历史博物馆考古部.登封王城岗与阳城[M].北京：文物出版社，1992.

附录

附录一

本文的凡例大体如下。

引用《殷墟甲骨文辞类编》辞条凡例（图1-1）：

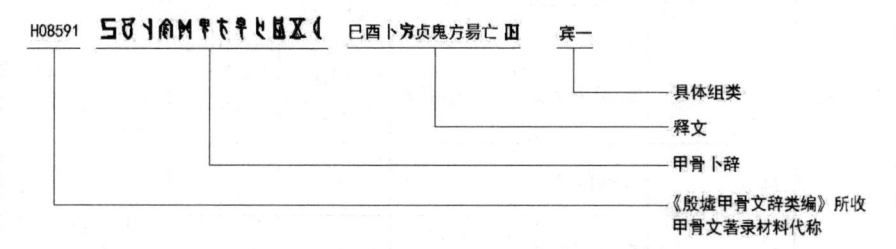

图1-1 《殷墟甲骨文辞类编》辞条引用凡例

① 词头由编号、原甲骨文、释文三部分组成。编号依据《殷墟甲骨文辞类编》对字头的整理而定，单字编号从0001至3909，合文编号从3910至4149。其中有部分辞条仅标注其组别，个别文辞无法判断的则空缺未标。

② 部分专名辞目由于辞例太少，不足以完全确定，右加"？"号为记。

③ 凡重片，号后标明其重片号，如"H01013（H19795）"；若完全相同，仅标明片号；若大小不同，则于其大者片号前标以"<"（小于）记号，如"H01379（<H04917）"。

④ 凡缀合片，于其片号后标以"*"记号；凡缀于他片者，则于其后注明其所缀合片号（仍以"*"号为记），如"H00001*"表示缀合片，

"D00557（H00001*）"。

⑤仅录其中一片之文辞，其余则标明重见片号。若清晰程度相同，一律于后出之片号后标明其前出之重片号，如"H01017（H00933）"。

⑥原文释文中，凡所缺字可能为一个字时，以"□"代替；凡所缺字可能不止一个时，以"……"代替；据残字或辞例可以补足的字，皆外加"[]"号为记；可见但未能据以补足的残字也以"□"代替，部分通假字、同形字等用字或在本字后以"（）"加以括注；少部分因拓图不清晰而释读可能有问题的字标注"？"为记；部分两个字符记录一词以"⌊ ⌋"加以括注。

表1-1 《殷墟甲骨文辞类编》具体组类

	本书简称	黄天树	彭裕商	方述鑫	蒋玉斌	大体分期
王卜辞	师组	师肥	𠂤组肥笔类	𠂤组大字类	𠂤组A1、A2、A3		武丁（早—中）
		师小	𠂤组小字类	𠂤组小字类	𠂤组B1、B2		
		师宾	𠂤宾间A类				
			𠂤宾间B类				
		师厉	𠂤厉间A类				
			𠂤厉间B类		文丁三类		
	㞢类		𠦪类				
	宾组	戌类	宾组㞢类				武丁（中—晚）
		宾一	宾组一类	宾组一A类			
		典宾	典宾类	宾组一B类			
		宾三	宾组三类	宾组二类			

续表

	本书简称		黄天树	彭裕商	方述鑫	蒋玉斌	大体分期
王卜辞	宾组	宾出	宾出类				武丁（中—晚）
	厉二	厉一	厉一类				武丁中—祖甲早
		厉二	厉二类	厉二A类			
				厉二B甲、乙类			
				厉二C类			
		厉草	厉草体类				
		厉无	厉无名类		厉无名		
	何组	事何	何组事何类	何组一类			武丁晚—祖甲早
		何一	何组一类	何组二类			
				何组三A类			
		何二	何组二类	何组三B类			
	出组	出一	出组一类	出组一类			祖庚、祖甲
		出二	出组二类	出组二A类			
				出组二B类			
	无名	无名	无名类	无名组一类			祖甲—武乙晚
				无名组二类			
		无黄	无名黄间类				

续表

	本书简称	黄天树	彭裕商	方述鑫	蒋玉斌	大体分期
王卜辞	黄类	黄类	黄组			文丁—帝辛
非王卜辞	子组	子组	子组		丙种子卜辞	武丁（早—晚）
	午组	午组	午组	午组	乙种子卜辞	
	亚组		亚卜辞	亚卜辞		
			刀卜辞	刀卜辞	刀卜辞	
	圆体	圆体类	子组附属	贞字作㞢的卜辞	圆体类子卜辞	
	劣体	劣体类		刀法最劣的卜辞	劣体类子卜辞	
	妇女	妇女	非王无名组	妇女卜辞	甲种子卜辞	
	候南				候南类子卜辞	
	花东				花东类子卜辞	
	村南	村南				

附录二

引用《甲骨文字典》文字凡例（图 2-1）：

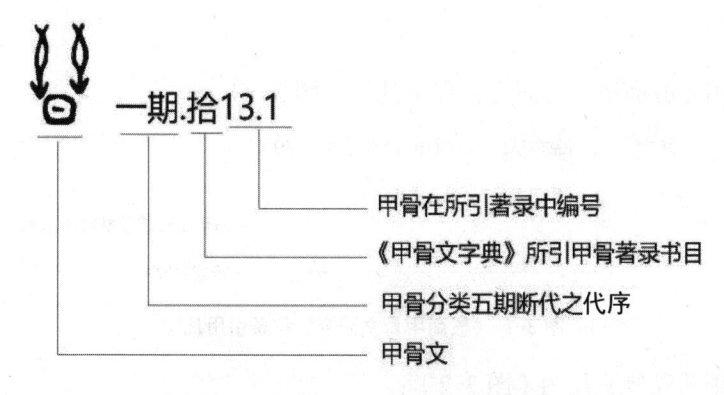

图 2-1 《甲骨文字典》文字引用凡例

第一，录入甲骨文是根据《甲骨文字典》所录字形摹写。

第二，录入的字根据通常的五期断代法予以分期：第一期为武丁时期（包括自组、子组、午组卜辞等）；第二期为祖庚、祖甲时期；第三期为廪辛、康丁时期；第四期为武乙、文丁时期（包括历组卜辞）；第五期为帝乙、帝辛时期。（如果原书上没有标注时期，则本文也不标注）。

第三，引用《甲骨文字典》辞条凡例与文字同（图 2-2）：

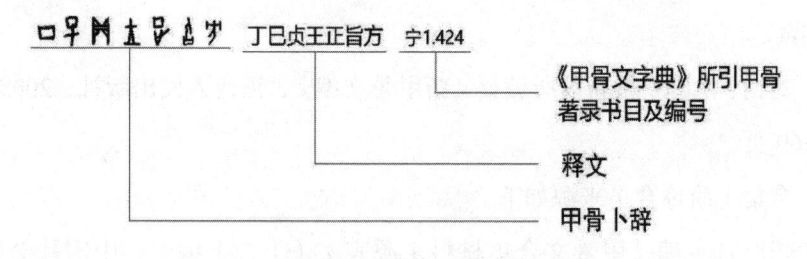

图 2-2 《甲骨文字典》辞条引用凡例

对于尚未释读的甲骨文字在释文中仍然引用原写法，如：㞢𠂤卜㞢日㠯夕其乎㞢执，释文为：戊辰卜今日㠯夕其乎㞢执。四期 屯南2148。

附录三

引用《殷商甲骨文研究》辞条凡例（图3-1）：

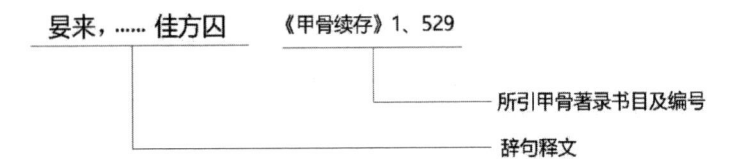

图3-1 《殷商甲骨文研究》辞条引用凡例

引用《汉典》凡例（图3-2）：

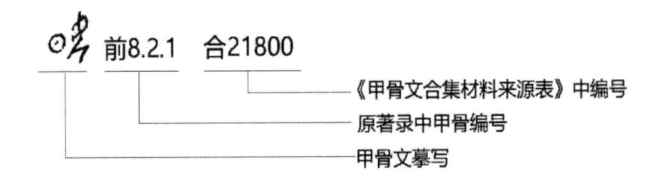

图3-2 《汉典》引用凡例

原著录（简称及编号）来源如下。

中国社会科学院考古研究所编《甲骨文编》，中华书局，1965年，第478页。

刘钊、洪飏、张新俊所编纂《新甲骨文编》，福建人民出版社，2009年，第669页。

合集（简称合）来源如下。

胡厚宣主编《甲骨文合集材料来源表》（上、下编），中国社会科学出版社，1999年。